Dr. Tanja Schatz

Kreativ und selbstbewusst

Dr. Tanja Schatz

So fördere ich mein Kind

Kreativ und selbstbewusst

Malen – Gestalten – Erfinden

Ravensburger Ratgeber im Urania Verlag

Zum Thema bereits erschienen:
Prof. Dr. Ch. Perleth / Dr. T. Schatz / M. Gast-Gampe: Die persönliche Begabung entdecken
und stärken. ISBN 3-332-01030-1
T. Müller: Ist unser Kind hoch begabt? ISBN 3-332-01133-2
H. Baum: Papa, spiel mit mir! ISBN 3-332-01135-9

Die Deutsche Bibliothek – CIP-Einheitsaufnahme
Ein Titeldatensatz für diese Publikation ist bei Der Deutschen Bibliothek erhältlich.

www.dornier.de
www.urania.de

1. Auflage August 2001
© 2001 Urania Verlag, Berlin
Der Urania Verlag ist ein Unternehmen der Verlagsgruppe Dornier.

Die Schreibweise entspricht den Regeln der neuen Rechtschreibung.

Die Autorin: Dr. Tanja Schatz arbeitet als Medienpsychologin an der Universität Rostock. Sie hat mehrjährige Erfahrung mit der Kreativitätsförderung von Kindern und arbeitete an dem Ratgeber „Die persönliche Begabung entdecken und stärken" mit.

Umschlaggestaltung: Behrend & Buchholz, Hamburg
Titelfoto: Zefa, A. Peisl
Abbildungen: Gertie Burbeck: S. 11, 51, 59, 73, 79, 93, 105, 121. Dr. Tanja Schatz: S. 21, 23,
              24, 25, 26, 27, 28, 29, 30, 31, 32, 33, 40, 45, 72, 86, 88, 90, 119. Redaktionsbüro
              Stark: S. 19. Petra Thoms: S. 3.
Redaktion: Jeanette Stark-Städele
Herstellung: Graphiti GmbH Berlin
Druck: Westermann Druck Zwickau
Printed in Germany

Gedruckt auf alterungsbeständigem Papier mit chlorfrei gebleichtem Zellstoff.

ISBN 3-332-01251-7

Inhalt

*Für Marold, dessen Kreativität
ich stets bewundert habe.*

Einführung

Die Gesellschaft, in der wir heute leben, fordert von ihren Mitgliedern eine immer größere Bereitschaft zur Flexibilität. Längst haben wir uns damit abgefunden, dass wir beruflich flexibel sein müssen und oft nicht mehr ein Leben lang in einem einmal erlernten Beruf tätig sein können. Schlagworte dieser modernen Lebenswelt sind neben Flexibilität, Mobilität und lebenslangem Lernen auch Kreativität und Eigeninitiative. Die angesprochenen Veränderungen prägen unser Leben, und sie werden einen noch viel stärkeren Einfluss auf das Leben unserer Kinder nehmen.

Vielfach bleiben Worte wie Kreativität allerdings das, was sie sind: Buchstaben auf dem Papier. Selten wird deutlich, was es genau für den Einzelnen bedeutet, die hinter diesen Worten stehenden Ideen in das eigene Leben oder das der Kinder zu integrieren. Was also bedeutet Kreativität eigentlich, wie kann sie unser Leben bereichern, und wie kann sie bei Kindern gefördert werden?

Ganz allgemein kann man sagen, dass Kreativität eine besondere Form des Verhaltens ist, das ein Kind zeigt, wenn es eine Aufgabe oder ein Problem löst, dem es in seinem Alltag begegnet.

Alle Menschen sind in unterschiedlicher Weise und in unterschiedlichem Ausmaß zu einem solchen Verhalten fähig. Die kindliche Kreativität entwickelt sich ganz natürlich aus dem aktiven Erkunden der Umwelt, dem kleine Kinder mit großer Neugier nachgehen. Schnell kann daraus die Suche nach neuen Möglichkeiten, auf die Umwelt zu reagieren, werden, die zu einer Suche nach selbstständigen Antworten wird.

Die öffentliche Diskussion um die Kreativitätsförderung

In der öffentlichen Diskussion hat der Begriff Kreativität in den letzten Jahren einen Boom erfahren. In Wissenschaft, Wirtschaft und Politik wird vielfach von Kreativitätsförderung und der Suche nach neuen Lösungen gesprochen. Von solchen Slogans verspricht man sich, zu neuen Konzepten zu finden, die den Umsatz von Unternehmen erhöhen können. Die Kreativität, die hier angesprochen wird, kann jedoch nicht mit jener gleichgesetzt werden, die im Rahmen dieses Buches behandelt wird. Der Pädagoge Hartmut von Hentig hat der berechtigten Skepsis gegenüber einer als Allheilmittel verstandenen Kreativität in der Wirtschaft in einem Essay zu diesem Thema (1998) Ausdruck verliehen. Der Gebrauch des Schlagwortes der Kreativitätsförderung verspricht nicht, dass plötzlich alles besser wird, als es bisher war. Vielmehr wird hier die Bedeutung des Wortes missverstanden. Kreativität bedeutet nicht, wie oft fälschlich behauptet wird, Ursprünglichkeit, Unmittelbarkeit, Irrationalität des Denkens und Handelns, freigesetzte Emotionalität, Niederschlag des Chaos oder die Zerstörung fester, bestehender Ordnungen. In wirtschaftlichen Zusammenhängen wird Kreativität als ein Mittel verstanden, innerhalb des Mainstreams aktueller Veränderungen auf dem ersten Platz zu stehen, die größten Marktanteile zu besitzen und ständig steigende Umsätze verbuchen zu können. Dieses wirtschaftliche Interesse geht allerdings am Wesen der Kreativität, das letztlich in der Entfaltung der Persönlichkeit liegt, vorbei. Und genau dieser Aspekt ist es, um dessentwillen es sich lohnt, sich mit Kreativitätsförderung bei Kindern zu befassen. Nicht nur, dass die Kreativität ihren Ursprung und ihren natürlichsten Ausdruck im Kindesalter hat, spielt hierbei eine Rolle. Entscheidend ist auch die Stärkung des Selbstbewusstseins und des eigenständigen Denkens, das von der Kreativität ausgeht. Der pädagogischen Herausforderung, die in der Förderung der Entwicklung der kindlichen Persönlichkeit im Hinblick auf den kreativen Selbstausdruck liegt, möchte sich dieser Ratgeber widmen.

Was ist Kreativität?

Kreativität ist ein Schlagwort unserer Zeit – gefordert in Beruf und Alltag und speziell beim Problemlösen. Doch Kreativität kann man sich nicht von heute auf morgen aneignen. Sie muss geweckt und behutsam gefördert werden – schon im Kleinkindalter.

Ein weiter Begriff ...

Kreativität wird heute für alles Mögliche und geradezu inflationär verwendet – ein wenig Skepsis ist angebracht!

Jeder stellt sich unter Kreativität etwas anderes vor. Manche sprechen davon, dass ihre Kinder kreativ sind, wenn diese mit oder ohne Anleitung Bilder malen, wenn sie für Weihnachten oder Ostern basteln, wenn sie Fensterbilder abmalen, wenn sie Malhefte ausmalen oder wenn sie ein eigenes kleines Gärtchen beackern, eine Suppe kochen usw. An dieser Aufzählung kann man bereits erkennen, dass oft sehr unterschiedliche Tätigkeiten als kreativ bezeichnet werden. Und auch in der heutigen reichen Warenwelt stoßen wir immer wieder auf die unterschiedlichsten Produkte, die als angeblich kreativitätsfördernd angepriesen werden. Da werden Produkte angeboten, bei denen Kinder vorgegebene Schablonen mit festgelegten Farben ausfüllen sollen. Dies gilt ebenso als kreativ wie der Umgang mit einem Farbkasten, der über hundert Farbtöne enthält. Angesichts der Fülle der angebotenen Deutungen und Definitionen fällt es schwer, noch zu erkennen, was mit Kreativität eigentlich gemeint ist. Und natürlich wird es bei einer derart inflationären Benutzung des Begriffs der Kreativität für Eltern immer komplizierter, noch den Überblick zu behalten und zu erkennen, welche Angebote für ihre Kinder nützlich und förderlich sind und welche weniger geeignet sind.

Um den Begriff der Kreativität zu fassen, werden wir daher zunächst nach Kriterien suchen, die bei der Beurteilung helfen. Hier liefert die Kreativitätsforschung wertvolle Hinweise. Im zweiten Kapitel werfen wir einen Blick auf die kindliche Produktwelt. Anhand der Beispiele aus dem Bereich der künstlerischen Kreativität werden wir uns mit den spezifischen Merkmalen der Kreativität vertraut machen.

Zum Ende des Buches finden Sie dann zahlreiche kleine spielerische Übungen, die Sie als Anregungen nutzen können. Vielleicht werden Sie auf diese Weise Lust bekommen, der Kreativität in Ihrem Leben und dem Ihres Kindes mehr Raum zu geben. Wichtig ist bei all diesen Übungen, dass sie Ihnen und Ihrem Kind Spaß machen. Lassen Sie es bei einer solchen Gelegenheit auch ruhig einmal wieder zu, ein paar „verdrehte Gedanken" zu denken, so wie Ihre Kinder es mit Freude tun. Kreative Erwachsene zeichnen sich oft dadurch aus, dass

sie sich etwas von der kindlichen Naivität, Spontaneität und Fabulier-
freude erhalten haben. Man darf also auch als Erwachsener ruhig
manchmal ein bisschen „verrückt" sein.

Zum Verständnis von Kreativität

Es ist gar nicht so einfach, genau zu beschreiben, was Kreativität nun
eigentlich ist. Zunächst einmal können wir uns helfen, indem wir uns
bemühen, die beteiligten Bereiche zu beschreiben. Zum kreativen Verhalten gehört also immer eine Person, die im Verlaufe eines Prozesses,
den wir kreativ nennen, ein Produkt erstellt. Dieses Geschehen findet
in einem bestimmten Umfeld statt, ist also nicht ohne eine Umwelt zu
denken. Die Produkte, die dabei entstehen, können z.B. Bilder sein, die
ein Kind malt, eine Marionette, die es selber gebastelt hat, aber auch
ein Streit unter Freunden, den das Kind erfolgreich geschlichtet hat.
Um beschreiben zu können, welche Produkte, Prozesse, Personen und
Umwelten wir als kreativ einschätzen, benötigen wir spezifische Kriterien. Und damit stoßen wir sofort auf ein Dilemma. Denn Kreativität
zeichnet sich genau dadurch aus, dass sie bestehende Kategorien überwindet oder ignoriert. Es wird also schwierig, wenn wir versuchen, mit
einem vorgegebenen Katalog von Merkmalen, die unseren Denkgewohn-
heiten entsprechen, etwas zu beurteilen, das sich per definitionem diesem System widersetzt. In der Literatur behilft man sich daher in der
Regel mit der differenzierten Beschreibung der unterschiedlichen Bereiche, in denen Kreativität beobachtet werden kann (Produkt, Prozess,
Person und Umwelt). Eine Definition der Kreativität klingt z.B. so:

„Eine Idee wird in einem sozialen System als kreativ akzeptiert,
wenn sie in einer bestimmten Situation neu ist oder neuartige Elemente enthält und wenn ein sinnvoller Beitrag zu einer Problemlösung gesehen wird." (Preiser, 1976, S. 5)

Dieser Definitionsversuch verdeutlicht den Charakter der Kreativität. Ob eine Idee oder ein Produkt kreativ ist, entscheidet die Situation.
In einem bestimmten Kontext wird deutlich, ob etwas in neuartiger Weise
verwendet wurde oder nicht. Gleichzeitig lässt sich die Angemessen-

Das Wesen der Kreativität liegt gerade darin, dass jeweils neu und situationsgerecht gehandelt wird – deshalb entzieht sich dieser Begriff im Grunde einer festen Definition.

13

Kreativität zeichnet sich dadurch aus, dass ein neuer, bisher unbekannter Lösungsansatz gefunden wird.

heit und Sinnträchtigkeit der gefundenen Lösung eines bestehenden Problems bestimmen. Diese Einschätzung wird von dem sozialen Umfeld, der Bezugsgruppe oder der Gesellschaft vorgenommen. Hierbei ist es leicht denkbar, dass die Gruppe die kreative Leistung einer Idee oder eines Produktes gar nicht zu erkennen vermag, weil sie weit über das Bewertungsvermögen der Betrachter hinausreicht. Beispiele für diesen Fall lassen sich in der Kunst immer wieder beschreiben. Oftmals gelang es erst nachfolgenden Generationen, die innovativen Impulse und die kreativen Leistungen von Künstlern wahrzunehmen. Eines der bekanntesten Beispiele dürfte in diesem Zusammenhang wohl van Gogh sein. Heute zählen seine Werke zu jenen, die für ihr kreatives und innovatives Potenzial von den Kunstgeschichtlern hoch geschätzt werden. Zu Lebzeiten jedoch gelang es dem Künstler lediglich, ein einziges Bild zu verkaufen. Zeitlebens kämpfte er gegen das Unverständnis und die Anfeindungen seiner Zeitgenossen an, die seine Malweise ablehnten, weil sie sich von allem bisher Existierenden massiv abhob.

Heutzutage haben es die Kreativen etwas leichter. Die festgefahrenen Strukturen sind gelockert, und die Vielfalt der Möglichkeiten, die man in allen Bereichen des Lebens finden kann, lassen solche massiven Ablehnungen, wie van Gogh sie erleiden musste, seltener werden. Dies darf aber nicht darüber hinweg täuschen, dass auch heute sehr kreative Kinder in Schwierigkeiten kommen können, weil ihr direktes Umfeld mit Unverständnis auf ihre Ideen reagiert. Auf diesen Punkt werden wir im Rahmen der kreativen Umwelt später noch genauer eingehen (siehe Seite 64 f.).

Eine kleine Geschichte der Kreativität

In früheren Zeiten sprach man nicht von Kreativität, sondern von „schöpferischen Kräften".

Im deutschen Sprachraum spricht man noch nicht lange von Kreativität, was jedoch nicht bedeutet, dass man sich früher diesem Phänomen nicht zugewandt hätte. Den Drang des Menschen, sich von festen Strukturen zu befreien und seine eigenen Energien und Potenziale auszudrücken, bezeichnete man bis dahin als das Schöpferische. Besonders im 18. und 19. Jahrhundert, in der Zeit des Sturm und Drang und der Romantik, erlangten diese Kräfte der Selbstbefreiung eine besondere Gewichtung. Den Ursprung der schöpferischen Kräfte sah man damals im Unbewussten, von wo aus sie sich ihren Weg bahnten und dazu führten, dass sich die Kreativen von den Stereotypen der Gesellschaft befreiten. Diese Deutung beinhaltet die Vorstellung, dass es sich bei den schöpferischen Energien um ursprüngliche, zutiefst menschliche Energien handelt, die plötzlich hervorbrechen. In veränderter Form findet sich diese Grundannahme auch noch bei den Kreativitätsforschern der 50er-Jahre. Seinerzeit wie auch noch heute, geht man davon aus, dass jeder Mensch ein Kreativitätspotenzial besitzt. Ob sich das kreative Potenzial eines Menschen aber in dessen Leben auch zeigt, scheint zumindest teilweise von spezifischen Bedingungen abzuhängen, auf die später noch genauer eingegangen wird (siehe Seite 60 ff.).

Der Begriff der Kreativität ist noch recht jung. In der amerikanischen Forschung der 50er-Jahre suchte man in der Auseinandersetzung mit der menschlichen Begabung nach Alternativen zum Begriff des Intelligenz-Quotienten (IQ). J. P. Guilford stellte dem IQ das divergente Denken (assoziatives, nicht lineares Denken) an die Seite und machte damit deutlich, dass die Fähigkeiten des schöpferischen Denkens nur unzureichend mit dem IQ erfasst werden können. Aus diesem Grund beschäftigten sich die Forscher mit den Bereichen des menschlichen Denkens und Verhaltens, das sie als kreativ bezeichneten. In der folgenden Zeit konnte die Kreativitätsforschung zeigen, dass die Entwicklung kreativer Fähigkeiten umweltabhängig ist. Dies bedeutet, dass man erst in der Auseinandersetzung mit der Umwelt seine Begabungen entwickelt und nur in diesem Kontext eine Förderung von Kreativität möglich und sinnvoll ist.

Die Entwicklung kreativer Fähigkeiten ist umweltabhängig.

Kreativität und Umwelt

Das Paradoxe an der Kreativität ist jedoch, dass kreatives Denken nicht veranstaltet, eingeübt, methodisiert werden kann, weil eben dies seinem Wesen widerspricht. Ebenso kann sich Kreativität nicht innerhalb von Situationen entfalten, die von einer Form des Zwangs geprägt sind. Kein Kind kann auf Befehl kreativ sein.

Kreatives Denken kann nicht eingeübt werden.

Doch auch die Durchsetzung des Kreativen ist von der Umwelt abhängig. So können Dinge, die neu erfunden werden, nicht wirklich weiterführen, wenn sie von der Umwelt nicht verstanden werden. Auf der anderen Seite darf der Kreative auch nicht das ignorieren, was es schon gibt. Wenn ein Tüftler heute ein Radio erfindet, ist er nicht kreativ, sondern weltfremd, weil es Radios schon seit Jahrzehnten gibt. Bei Kindern ist dies allerdings etwas anders. Sie wachsen erst allmählich in unsere Welt hinein und machen für sich allein viele Entdeckungen neu, die vor ihnen schon viele andere gemacht haben. Deshalb ist es nicht sinnvoll, diese strengen Kreativitätskategorien auf die Arbeiten der Kinder anzuwenden. Ein Kind ist immer kreativ, wenn es etwas für sich neu entdeckt, auch wenn es etwas Ähnliches vielleicht schon gibt. Die Funktionalität der kindlichen Produkte ist ja keine wirtschaftliche, sondern eine persönlichkeitsbildende. Wenn also Ihr Grundschulkind selbstständig ein Radio baut, das funktioniert, dann hat es eine kreative Leistung vollbracht.

Kreativität wird oft als eine spontane Idee verstanden, die einer begabten Person plötzlich, aus dem Nichts heraus, zufällt. Diese Vorstellung stimmt allerdings nicht. Kreativität entsteht vielmehr in einem längeren Prozess und ist keine Eingebung, die man ohne eigenes Dazutun bekommt. Und dieser Umstand sollte uns erfreuen, denn dadurch wird Kreativität zugänglich für die pädagogische Unterstützung.

Kreativität ist förderbar

Kinder brauchen Bedingungen, unter denen sie ihre angeborene Neugierde und Kreativität entfalten können.

Kreativität ist zwar nicht einübbar, kreatives Denken kann aber durchaus gefördert werden. Da jeder Mensch zu kreativem Verhalten in der Lage ist, bringt jeder die Voraussetzungen für Kreativität mit. Und dies gilt ganz besonders für Kinder, denen der jahrelange Alltagstrott die Fantasie noch nicht vertrieben hat. Also: Auch wenn Kreativität nicht „veranstaltet" werden kann, so kann sie doch gefördert werden. Sie brauchen im Grunde nur Bedingungen zu schaffen, die Ihren Kindern ermöglichen, ihre natürlich aufkeimende Kreativität zu entfalten (siehe Seite 93 ff. und 105 ff.).

Kindliche Lösungen schätzen lernen

Die Frage ist also, welche Bedingungen zur Förderung von Kreativität notwendig sind und wie es gelingen kann, ein Kind dazu anzuleiten, seine Fähigkeiten zu entwickeln. Diese Fragen sind Thema dieses Buches. Kreativität kann sich nur entwickeln und entfalten, wenn sie ein Ziel verfolgt. Die Erfindung an sich macht keinen Sinn und keinen Spaß. Vielmehr muss die Erfindung dazu dienen, ein Problem zu lösen. Die Erfahrung eines solchen Problems, das man für lösbar hält und für dessen Lösung man ein ermutigendes Vorbild und sachliche Anerkennung erhält, setzt die Kräfte des eigenständigen Denkens frei. Die Pädagogin Line Kossolapow spricht in diesem Zusammenhang von der „antwortenden Umwelt", die für das Kind und dessen Kreativitätsentwicklung entscheidend ist. Sättigung, Gewissheit, Überfluss können die Entfaltung der eigenen Kreativität verhindern. Eine Gesellschaft, die voll gestopft ist mit fertigen Lösungen, perfekten Ordnungen, ausgefeilten Geräten, verhindert es, sich um das unvollkommene eigene Ergebnis zu bemühen. Die Herausforderung der Entwicklung einer eigenen Lösung kann nicht mehr verspürt werden, weil der Griff zu einer bereits entwickelten Lösung so kurz ist.

Kreativität muss immer ein Ziel verfolgen.

In diesem Zusammenhang sind auch die vielfältigen „Kreativitätsangebote" zu erwähnen. Leider führt die heutige Industrie Eltern, die sich um die Entwicklung ihrer Kinder sorgen, oft in die Irre. Dort werden vielfach „Kreativitätsförderungen" angeboten, die aus Schablonen bestehen, die Kinder mit den mitgelieferten Farben lediglich kolorieren können. Hier leitet das Wort Kreativität den Käufer auf eine falsche Fährte. Natürlich lernen Kinder mit solchen Materialien Geschick und Ausdauer zu üben, sie werden jedoch nicht angeregt, ihre eigenen Bildwelten zu erzeugen, sondern sie lernen vielmehr, sich an entsprechenden „perfekten" Bildern zu messen. Eine Entwicklung, die, wenn sie einseitig bleibt, die kindliche Kreativität einzuschränken vermag.

Die Rolle der Erwachsenen

Kinder brauchen die Unterstützung und Ermutigung der Erwachsenen, um ihre Fähigkeiten entfalten zu können. Eltern und Pädagogen müssen sich also um eine Förderung bemühen, die der Entfaltung

Die Unterstützung durch Erwachsene ist unabdingbar.

der kindlichen Person dient, diese initiiert und begleitet. Dies ist die Voraussetzung für die Entfaltung der Kreativität.

Um dies zu erreichen, müssen offene Fragen und Probleme gefunden werden, für die keine vorgefertigten Lösungen bemüht werden sollen. Vielmehr soll Kindern dabei geholfen werden, die sich stellenden Fragen als von ihnen selber lösbar zu erkennen. Als ermutigende Vorbilder und jeden Fortschritt anerkennende Begleiter stehen die Erwachsenen den Kindern auf diese Weise zur Seite. Und so wird es den Kindern viel Spaß machen, auf der Basis ihres kreativen Potenzials eigene Wege zu gehen.

Kinder brauchen die Antworten der Erwachsenen.

Spürt ein Kind, dass sich die Erwachsenen für die Lösungen, die es sich ausdenkt, interessieren, auch dann oder gerade wenn diese ungewöhnlich, unkonventionell und überraschend sind, so wird es ermutigt, sich weiter um eigene Lösungswege zu bemühen und sich nicht so leicht auf vorgefertigte Lösungen der Umwelt zu verlassen. Es wird seine Kreativität weiter nutzen und entfalten. Lässt man Kinder aber immer wieder bereits vorgegebene Lösungen lediglich nachvollziehen, so besteht die Gefahr, dass ihr kreatives Potenzial verkümmert.

„Ganzhirniges" Denken

Das Gehirn braucht Training.

Der handelnde Mensch, so behauptet die neuere Hirnforschung, profitiert von dem ständigen Dialog seiner rechten und linken Hemisphäre. Im Alltag, so die Forscher, findet eine einseitige Förderung der linken Hirnhälfte, die für abstrakt-rationale Vorgänge zuständig ist, statt. So wird uns bewusst gemacht, dass die Qualitäten der rechten Hirnhälfte, wie Sensibilität, Spiel, Bereitschaft für unkonventionelle Lösungen, Wagnis, Ironie, Erkennen und Verstehen von Bildern, Gefühlen, Bewegungen, kurz die synthetischen Prozesse des Denkens, viel zu oft unter den Tisch fallen. Aber gerade diese Aspekte machen die bereichernde Wirkung der Kunst aus. Der Umgang mit Wahrnehmung und Gestaltung und die damit verbundenen Erfahrungen von Lust, Ernst, Wagnis und spielerischem Verwandeln können helfen, nicht nur die linke Hirnhälfte anzusprechen, sondern auch die rechte. Und mit den spielerischen, assoziativen Kräften des Denkens kommen auch Kreativität, Spontaneität und Lebendigkeit in den Alltag.

Wie Kinder
kreativ sind

*In ihren Bild- und Produktwelten lässt sich die kind-
liche Kreativität in besonders eindrucksvoller Weise
beobachten. Wer genau hinschaut, entdeckt manche
Kriterien, die dem Begriff „Kreativität" zugrunde
gelegt wurden, in den kleinen Meisterwerken – aber
auch manches Neue. Es ist faszinierend, welche
Möglichkeiten kreativen Gestaltens Kinder in allen
Altersstufen entwickeln.*

Künstlerische Kreativität im Kinderzimmer

Wer genau hin-schaut, entdeckt schnell, wie kreativ Kinderbilder sind.

Kinder sind kreativ – jedes Kind auf seine Weise. In besonderer Weise drückt sich die kindliche Kreativität in Bildern und Basteleien aus. Im Folgenden soll die im vorhergehenden Kapitel entwickelte Definition der Kreativität an einigen konkreten Beispielen beobachtet werden. Dazu werden einige Werke kleiner „Künstler" betrachtet. Natürlich kann man nicht alle Aspekte der theoretischen Kreativitätsmodelle in jedem einzelnen Bild oder Objekt finden, ein Umstand, der die individuelle Bedeutung der Produkte jedoch in keiner Weise schmälert. Vor allem soll diese kleine Reise durch die Werkstatt der Kinder Lust machen, sich näher mit der Faszination der Möglichkeiten kreativen Gestaltens und der Förderung der Kreativität zu beschäftigen.

Linnea und der Froschkönig

Betrachten wir zunächst das höchst erstaunliche Bild der vierjährigen Linnea. Von ihrer derzeitigen Vorliebe für Prinzessinnen-Darstellungen werden wir noch an anderer Stelle hören (siehe Seite 87), deshalb überrascht es nicht, dass sie mit Begeisterung Szenen zu dem Märchen des Froschkönigs gemalt hat. Überraschend ist allerdings, wie sie das Dilemma der Königstochter dargestellt hat, deren Ball in den Brunnen gefallen ist. Linnea hat in ihrer Darstellung gleich mehrere originelle Ideen umgesetzt. Dabei hat sie das erste Mal mit ihrem Bild oder über ihr Bild versucht, eine ganze Geschichte zu erzählen. Zwar erzählen Kinder in diesem Alter gerne Geschichten über die Dinge, die sie dargestellt haben, dass aber die Erzählung auch im Bild realisiert ist, ist bei einem vierjährigen Kind ungewöhnlich.

Wie hat es Linnea geschafft, eine Geschichte im Bild darzustellen, was bereits ein hohes Maß an Abstraktionsfähigkeit voraussetzt? Zentrum des Bildes ist natürlich die Prinzessin, die ihren Ball (er ist Gelb in Gelb dargestellt und daher nicht so deutlich sichtbar) in den Brunnen fallen lässt. Um zu verdeutlichen, dass der Ball fällt, kam Linnea auf die Idee, den Ball auf seinem Weg zum Brunnen mehrfach darzustellen. Für eine solche Art der Darstellung hatte Linnea keinerlei Vorbilder!

Linnea; Froschkönig

Linneas Bild weist noch eine weitere Besonderheit auf: Auf dem Rand des Brunnens sitzt der Frosch. Linneas Frosch versucht nicht – wie im Märchen –, mit der Prinzessin zu verhandeln, was diese zu tun hat, wenn er den Ball aus dem Brunnen angelt. Nein, Linneas Frosch denkt! Er denkt, der Vogel könne den Ball aus dem Brunnen herausholen und der Prinzessin zurückbringen. An dieser Stelle hatte Linnea gleich zwei Ideen: Zum einen stellte sie das Denken des Frosches dar, auch hierfür hatte sie noch kein Vorbild gesehen, zum anderen konstruierte sie eine neue Geschichte. Sie erdachte einen Verlauf, der die widerliche Geschichte mit dem an die Wand geworfenen Frosch umgeht, indem sie nach einem neuen Vermittler suchte.

Damit nicht genug – am Rand des Bildes klebte Linnea ein Stück aus einer Zeitschrift auf, das sie gefunden hatte und das ihr gefallen hatte, weil es so schön bunt ist. Sie verwendete es als Schmuck für ihr Bild und gab damit dem Bild neben der darstellenden Erzählebene auch noch eine eigenständige Bildfunktion. Damit schuf sie einen ästhetischen Ausgleich für den bunten Brunnen und den bunten Vogel auf der linken Seite.

Es ist eine große Leistung, wenn Kinder nicht nur eine Szene, sondern eine Geschichte in einem Bild darstellen.

21

Und noch ein weiteres Detail ist bemerkenswert. Der obere Teil des Brunnens ist blau, es ist das Wasser. Durch den angedeuteten Bogen ist Linnea schon beinahe eine angedeutete perspektivische Darstellung gelungen. Und dass dieser bauchige Strich kein Zufall ist, kann man an den geraden Strichen der Steinmauer des Brunnens erkennen.

Kindliche Denkwelten

Es ist erstaunlich, wie viel ein Kinderbild zu erzählen vermag. In ihm werden kindliche Denkwelten auf überraschende und höchst eindrucksvolle Weise deutlich. Es lohnt sich, sich auf die Reise durch eine solche Bildwelt zu begeben, um die darin verborgenen Besonderheiten und kreativen Einfälle zu erkunden. Die Kreativität kann sich dabei im Thema, in der Wahl des Materials oder in der Umsetzung des Themas äußern.

Bei Linneas Bild vom Froschkönig war nicht das Thema oder die Wahl des Materials besonders kreativ, sondern vielmehr die Art der Umsetzung der gehörten Geschichte – insbesondere vor dem Hintergrund ihres Alters.

Linneas Selbstbildnis

Viele kindliche Bilder entstehen aus der bewussten Auseinandersetzung des Kindes mit seiner Umwelt.

Noch in einem weiteren Bild überrascht Linnea mit ihrem Einfallsreichtum. Sie findet ein paar kleine Stoffreste und hat sofort Lust, ein Bild von sich zu malen. Weil sie aber angezogen ist, benutzt sie die Stoffstücke, um sich eine Hose und einen Pullover zu schneidern. Beides klebt sie auf einem Blatt auf. Erst dann malt sie den Kopf und die Arme auf das Bild. Die Vierjährige hat hier versucht, einen angemessenen Ausdruck für ihr Bekleidet-Sein zu finden. Darin zeigt sich ihre bewusste Auseinandersetzung mit der Umwelt. Die Stoffreste, die sie gefunden hatte, brachten sie auf die Idee, Kleidung auf einem Bild nicht einfach nur zu zeichnen, sondern aus echtem Stoff aufzukleben. Auch für ältere Kinder ist es meist noch sehr schwer, Kleidung zeichnerisch darzustellen. Deshalb war Linnea sofort von der Idee begeistert, Kleidung aus richtigem Stoff herzustellen.

An dem Bild spürt man auch die Freude, die Linnea am Aufkleben des Stoffes hatte. So klebte sie die Stücke, die übrig blieben, zur De-

*Linnea; Selbstporträt
mit Kleidung*

koration auch noch auf das Bild. Sie fliegen, mit Ausnahme des Streifens über dem Kopf der Figur, uneingebunden durch die Luft.

Auch hier lassen sich wiederum die Merkmale der Kreativität beobachten. Linnea verfolgte einen Sinn, indem sie sich mit den Möglichkeiten der Bild-Gestaltung mit Stoffstücken beschäftigte. Sie erweiterte ihr Ausdrucksrepertoire und vermittelte auf diese Weise ihre derzeitige Beschäftigung mit dem Thema des Bekleidet-Seins.

Raja: abstrakte Kompositionen

Dass bereits noch jüngere Kinder ungewöhnliche Gestaltungsideen haben, zeigt die zweijährige Raja. Sie hat große Freude daran, Papier zu schneiden und Papiere aufzukleben. Auf diese Weise lässt sie ein farbenfrohes Bild entstehen (siehe S. 24), auf dem sie zwei Farbflächen erscheinen lässt. Die Farbbällchen, die sie aus Papier geformt hat, hat sie sorgfältig aufgeklebt. Um das Bild noch schöner zu machen, schnitt sie die beiden kurzen Ränder ein. An dieser abstrakten Komposition fällt auf, dass Raja das Prinzip ihrer Kritzelbilder auf eine dreidimensionale Gestaltung ausdehnt. Die Freude am Gestalten und die Suche nach eigenen Ausdrucksmöglichkeiten stehen dabei im Vordergrund.

*Kleine Kinder
experimentieren
besonders gern mit
Farben und Formen.*

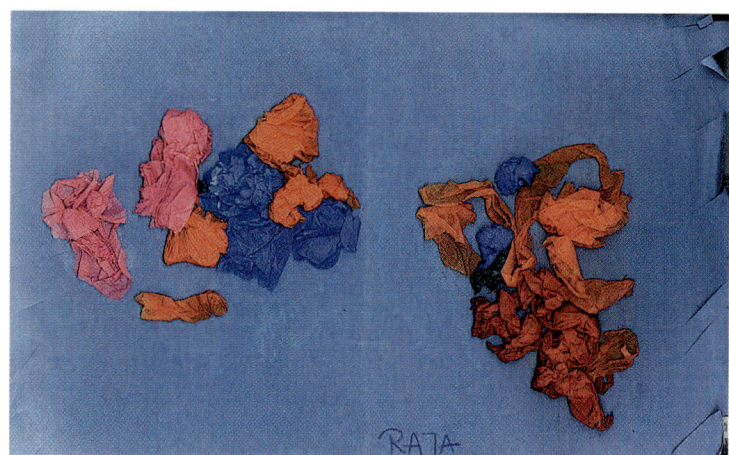

Raja; blaues Bild

Auch in einem anderen Bild der kleinen Künstlerin fallen ihr Einfalls-reichtum auf sowie die Fähigkeit, Dinge, die ihr begegnen, für ihre Gestaltungen zu benutzen. Hier erweiterte sie ihr Kritzelbild durch eine Feder, die sie mit Hilfe von Knetgummi befestigte. Auf diese ein-fache Weise gelang es Raja, ihr noch eingeschränktes zeichnerisches Repertoire durch interessante andere Details zu erweitern.

Raja; Bild mit Feder

Konzentration auf Wesentliches

Die kindliche Kreativität kann sich auch in Bildern äußern, die in ihrer Konzentration auf die wesentlichen Aspekte des Dargestellten bestechen, wie z. B. Linneas wunderbares Bild von einem „sehr alten Opa".

Einzelne Besonderheiten werden für das Kind zu zentralen Darstellungskriterien.

Linnea; Opa

Das auffälligste Merkmal eines älteren Mannes, den Linnea gesehen hat, war, dass dieser kaum noch Haare hatte. Sie war beeindruckt von diesem Merkmal und es wurde für sie zum Sinnbild des Alters. Um diese neue Entdeckung auszudrücken, konzentrierte sich die Dreijährige in ihrer Darstellung ganz auf diesen Aspekt. Die spärlichen Haare sind das wichtigste Unterscheidungsmerkmal zu anderen Männern, die Linnea bisher kennen gelernt hatte. Es ist bezeichnend für Linneas Kreativität, dass sie nicht nur die Fähigkeit besitzt, ihre Umwelt genau zu beobachten, sondern anschließend auch die von ihr gemachten Entdeckungen ausdrücken kann. In ihren Bildern versucht sie dabei einerseits, Neues mit ihren Mitteln darzustellen, andererseits bemüht sie sich auch permanent, ihre Ausdrucksmittel zu verändern und zu erweitern.

Andere Gesichter zeigen

Ein schönes Beispiel für solche Modifikationen der bereits erarbeiteten Darstellungsweisen zeigt sich in Linneas Tigerbild. Hier entdeckte Linnea, dass Gesichter sehr unterschiedlich sein können. Der kleine Tiger von Janosch hat eine ganz andere Nase als die Prinzessinnen. Also versuchte Linnea, für die Darstellung von Tigern und Bären ein neues Schema zu entwickeln. Auch hier wird deutlich, dass die Kreativität des kleinen Mädchens nicht allein in ihrer Fähigkeit der malerischen Darstellung liegt, sondern vielmehr ihren Ursprung in der sensiblen und aufmerksamen Wahrnehmung der Umwelt hat.

Linnea; Tigerbild

Schon sehr früh suchen manche Kinder nach Mitteln, Perspektive darzustellen.

Perspektive erarbeiten

Linnea entdeckte in sehr frühem Alter, dass Dinge, die weit weg sind, kleiner sind als Dinge, die ganz nah sind. Und auch diese Erkenntnis versucht sie in einem ihrer Bilder umzusetzen (siehe Seite 27). Um zu dem König im Vordergrund des Bildes zu gelangen, muss die Prinzessin einen Torbogen durchschreiten. Die Prinzessin ist aber nur halb so groß wie der König. Linnea erklärt uns dies, indem sie mitteilt, dass die Prinzessin ja noch sehr weit entfernt ist. Sie ist noch lange nicht angekommen und erscheint daher auf dem Bild sehr klein.

In dem Königsbild vereinen sich mehrere Aspekte der Kreativität. Man erkennt, dass Linnea das Prinzip der Veränderung von Größen durch die Variation der Entfernung verstanden hat. Darüber hinaus hat sie aber auch einen Weg gefunden, die ihr zur Verfügung stehenden Materialien so umzudeuten, dass sie für ihre Zwecke geeignet sind. So wollte Linnea gerne den Prinzessinnen-Aufkleber verwenden, obwohl er ihr eigentlich zu klein erschien für ihr Königsbild. Mit dem Kunstgriff des Tores und der größeren Entfernung der jungen Dame hat sie ihr Problem elegant gelöst.

Linnea; König

Darstellungsprobleme eigenständig lösen

Kreative Kinder zeichnen sich dadurch aus, dass sie spontane Lösungen für Schwierigkeiten finden, die sich im Prozess des Malens plötzlich ergeben. Betrachten wir dazu noch zwei Bilder von Melanie (siehe Seite 27 und 28). Beeindruckt von einem Mann auf der Kirmes, der viele Luftballons in der Hand hält, beginnt sie ein Bild zu zeichnen. Natürlich stellt sie das Wichtigste zuerst dar und zeichnet so als Erstes die bunten Ballons. Als sie diese fertig gestellt hat, stellt sie fest, dass der Platz für den Mann, der die Ballons festhält, zu knapp geworden ist. Also wird dieser kurzerhand liegend unter die Ballons gemalt.

Flexibles Einstellen auf sich ergebende Situationen – das ist ein Zeichen von Kreativität.

*Melanie;
Luftballonmann*

Noch nicht entwickelte zeichnerische Fertigkeiten zwingen Kinder immer wieder dazu, besondere Darstellungsformen zu finden, um ihre Vorstellungen umzusetzen.

Das Kreative an dieser Situation ist die Flexibilität, mit der sich das kleine Mädchen darauf einstellen kann. Sie ist spontan dazu in der Lage, die Situation, die sie darstellen möchte, umzudefinieren. Obwohl sie noch nicht oft liegende Personen dargestellt hat, ist es für sie kein Problem, sich die Situation einfach anders zu denken.

Eine solche Flexibilität in der Darstellung ist typisch für Kinder im Vorschulalter. Vielfach sind sie entwicklungsgemäß noch nicht dazu in der Lage, bestimmte Perspektiven darzustellen. Die Seitenansicht von Personen und Tieren bereitet Kindern in diesem Alter noch große Probleme, aber die kindliche Kreativität findet auch hier Möglichkeiten, das Gemeinte auszudrücken, um sich auf diese Weise auch neue Perspektiven zu erarbeiten. Im Bild der Pferdekutsche der fünfjährigen Melanie lässt sich dieses Phänomen sehr anschaulich beobachten. Die Ansätze einer Profildarstellung sind schon deutlich erkennbar, einzig der seitliche Pferdekopf bereitet noch große Probleme. Das Mädchen behilft sich kurzerhand, indem es die Aufsicht eines üblichen Gesichtes an den seitlich dargestellten Pferdehals setzt. Es kombiniert dabei die unterschiedlichen Möglichkeiten seines Ausdrucksrepertoires und versucht sich auf diese Weise auch neue Darstellungsweisen zu erarbeiten, für die es noch keine festen Schemata entwickelt hat.

Melanie;
Pferdewagen

Das kreative Kind zeichnet sich durch Mut und Freude am Erkunden neuer Möglichkeiten aus. Es hat keine Scheu davor, keine perfekte Darstellung hinzubekommen. Es versucht sich auszudrücken und zieht sich nicht auf ein „Das kann ich nicht" zurück. Und genau diese Freude, die eigenen Möglichkeiten zu erkunden und auszubauen, gilt es zu unterstützen und zu fördern.

Kreativität in plastischen Objekten und Szenarien

Manches in der Welt der Erwachsenen ist Kindern unverständlich. Nicht selten sind wir überrascht über die Lösungen, die Kinder für solche ungereimten Dinge finden. So ist die fünfjährige Melanie immer irritiert, wenn die Erwachsenen von Jesus Christus sprechen. Das Kind in der Krippe heißt für sie Jesus. Als sie jetzt dabei ist, eine Krippe für den Weihnachtsbaum zu formen, muss sie wieder an die-

Kreativität bedeutet, nach einer Lösung zu suchen – auch für etwas bislang Unverständliches.

ses Problem denken. Und hierbei beschließt sie, dass es sich bei den Kindern von Maria und Josef um Zwillinge gehandelt haben muss, von denen der eine Jesus und der andere Christus heißt. Auf diese Weise kann sie das Problem der verwirrenden Namen befriedigend lösen. Es ist bezeichnend für die Kreativität des kleinen Mädchens, dass sie die ihr unverständliche Doppelung der Namen nicht einfach ignoriert, sondern dass sie nach einer Lösung sucht, mit der sich dieses Phänomen erklären lässt.

Melanie; Krippe

In Materialcollagen können Kinder ihre Vorstellungen in fantasievoller, vielfältiger Weise umsetzen.

Meine Vorstellung von Gott

Materialcollagen sind wunderbare Möglichkeiten für Kinder, ihren Gedanken und Vorstellungen Ausdruck zu verleihen. Die neunjährige Maren hat zu dem Thema der Gottesvorstellung ein komplexes Objekt geschaffen, anhand dessen man die individuellen Erklärungsmuster des Kindes nachvollziehen kann (siehe Seite 31). Für Maren ist die Schachtel eine Art Kopf, die mit antennenartigen Zweigen Wünsche, Sünden und Gebete der Menschen empfängt. Die Drähte, die von der Schachtel weg zu Kette und Schlüssel führen, dienen Gott zum Versenden von Nachrichten an die Menschen. Die Menschen empfangen die Nachrich-

30

ten in Form von inneren Stimmen. Dies geschieht über die Muschel in der Schachtel, die Empfänger ist und durch den Draht mit dem Außen verbunden ist. Der Korken schließlich schickt die Nachricht zu den Menschen. Die Scheibe unter der Pflanze auf dem Schachteldeckel ist eine Art Filter. Hier steigen die Wünsche der Menschen hoch und werden noch einmal durchgewaschen, damit nur vernünftige Wünsche übrig bleiben. Das rote Netz ist eine Art Gedächtnis Gottes: Es verhindert, dass etwas von dem, was Menschen an Gott senden, verloren geht. Der Mensch kann Gott – parallel zur Sonne – nicht direkt ansehen oder berühren, wegen der starken Ausstrahlung. Aber gute Menschen spüren Gott in ihrem Kopf und Herzen. Ihnen ist Gott eine innere Hilfe, die sie auch Lösungen für Probleme finden lässt.

Maren;
Gottesvorstellung

Dieses eindrucksvolle Objekt zeigt, mit welcher Intensität Kinder ihre eigenen Vorstellungen gestalten können. Materialcollagen eigenen sich dafür besonders gut, weil sie durch die Integration der unterschiedlichsten Objekte und Elemente eine Fülle an Ausdrucksmöglichkeiten zur Verfügung stellen. Und schließlich sind es auch oft die Schrott-

Gerade scheinbar "wertlose" Materialien beflügeln oft die Fantasie von Kindern.

31

Lassen Sie sich von Ihrem Kind erklären, was es dargestellt hat.

materialien selber, die einen hohen Aufforderungscharakter haben und so die Fantasie des Kindes beflügeln. Besonders schön ist es, wenn Sie nach dem Gestalten auch mit Ihrem Kind über das Objekt sprechen. Lassen Sie sich die Vorstellungen Ihres Kindes erklären, und gehen Sie gemeinsam mit Ihrem Kind auf eine Entdeckungsreise durch das Produkt. Wie das Beispiel von Maren zeigt, kann es unglaublich spannend sein, etwas von den kindlichen Vorstellungen zu erfahren.

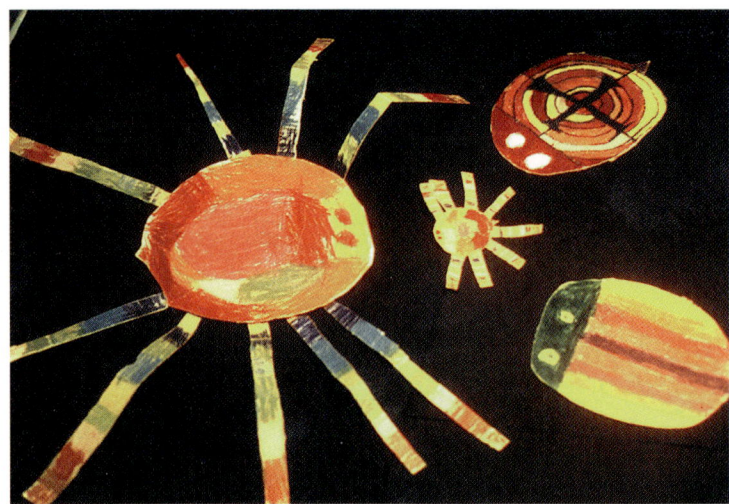

Melanie und Marold; Spinnen

Ein Spinnennetz im Wohnungsflur

Eine raumgreifende Gestaltung haben die vier- und siebenjährigen Geschwister Melanie und Marold geschaffen. Auf dem Dachboden der Oma hatten die beiden die wunderbaren Netze von Spinnen entdeckt und bestaunt. Ihr Interesse war sofort entfacht. Sie wollten wissen, wie Spinnen ihre Netze herstellen und wo sie diese am liebsten aufhängen. Schließlich kamen die beiden Kinder auf die Idee, in der eigenen Wohnung auch ein solches Spinnennetz zu installieren. Besonders geeignet erschien ihnen dazu der Wohnungsflur. Aus schwarzer Wolle bastelten sie ein riesiges Netz (ca. 1,5 m x 1,5 m) und hängten es an die Wand. Dann gestalteten sie aus Pappe große Spinnenkörper, die sie bunt bemalten. Schließlich wurden geknickte und bemalte Pappstreifen als Spinnenbeine an die Körper geklebt. Diese Pappspinnentiere hängten die Kinder dann in ihr großes Netz. Leider gibt es kein Foto von dieser Aktion, lediglich die leicht beschädigten und mittlerweile teilweise beinlosen Spinnenkörper geben noch einen kleinen Eindruck des Projektes (siehe Seite 32).

In dem Spinnennetz setzten die beiden Kinder auf kreative Weise ihre Erfahrungen um. Ausgelöst durch ihre Naturbeobachtung waren sie angeregt, das, was sie an Neuem erfahren hatten, bildnerisch umzusetzen. Die Idee kam von den Kindern selber, sie wurden in keiner Weise dazu angeleitet. Dieses Beispiel zeigt sehr anschaulich, wie gut Kinder unterschiedlichen Alters gemeinsame Projekte realisieren können. Auf der Abbildung können Sie erkennen, wie sich die beiden Kinder in ihrer Gestaltung der Spinnen unterscheiden, aber auch, wie sie gegenseitig voneinander inspiriert wurden (die Spinnenkörper mit Beinen sind von Melanie, die anderen Körper von ihrem großen Bruder).

Kinder inspirieren sich beim gemeinsamen Arbeiten gegenseitig.

Schneckenwanderung

Kreativität äußert sich bei Kindern oft spontan, ausgelöst durch bestimmte Erlebnisse oder Anregungen aus der Umwelt. Dies verdeutlicht noch ein weiteres Beispiel der Geschwister Melanie und Marold.

Melanie und Marold; Schnecken

33

Die beiden Kinder hatten auf einem Spaziergang ein massenhaftes Auftreten von Nacktschnecken erlebt, die nach dem Regen auf den Wegen herumkrochen. Schnell wurde daraus eine Schneckenrettungsaktion, bei der die beiden Kinder sich bemühten, die gefährdeten Schnecken von den Wegen zu entfernen und in ungefährlichere Bereiche „umzusiedeln". Auch später zu Hause waren die beiden mit ihren Gedanken sehr mit Schnecken beschäftigt. Und so kamen sie auf die Idee, aus den gesammelten Kieselsteinen des letzten Strandurlaubs Schnecken zu basteln. Geeignete Steine wurden ausgewählt, zusammengeklebt und anschließend bunt bemalt.

Kreativität im Kontakt

Die kindliche Fähigkeit, Situationen umzudeuten, kann Erwachsene manchmal sprachlos machen. Die vierjährige Carina lag bei ihren Eltern im Bett und wollte nicht still liegen, sondern herumtoben. Die Eltern fanden es nicht so toll mit dem quirligen Kind, und so schlug der Vater Carina nach einiger Zeit vor: „Ich habe ein tolles Spiel für dich: Spiel doch mal Stein." Carina überlegte kurz und tobte dann weiter. Leicht resigniert fragte der Vater nun nach, ob ein Stein denn so wild sei. Carina antwortete ihm: „Ich bin ein Stein in der Tasche eines Mädchens, das herumtobt."

Kreativität im Umgang mit Menschen

Auch auf der Ebene der Sprache und der zwischenmenschlichen Beziehungen können Kinder eine erstaunliche Kreativität entwickeln. So zum Beispiel die neunjährige Lisa, die ihre schwer kranke, kleinere Schwester im Krankenhaus besucht. Lisas Schwester hat Leukämie, und es geht ihr gar nicht gut. Die Eltern sind sehr besorgt und möchten gerne mit den Ärzten sprechen, und so lassen sie Lisa für einige Zeit mit der kleinen Anna allein.

Als die Erwachsenen weggegangen sind, wird Anna unruhig und fängt an zu wimmern. Sie hat Angst, dass sie noch länger im Krankenhaus bleiben muss und nicht nach Hause darf. Lisa überlegt nun, was sie tun kann, um Anna das Warten zu erleichtern, weil sie weiß, dass die Eltern noch einige Zeit weg sein werden. Also fragt sie ihre kleine Schwester, wer in der Geschichte vorkommen sollte, die sie jetzt gerne erleben würde. Anna überlegt und sagt dann: „Mein Stofftier Mumpy, eine Prinzessin mit goldenen Haaren und ein Zauberschloss mit ganz vielen Zimmern und einem hohen Turm."

Lisa setzt sich auf Annas Bett und überlegt eine Weile; dann beginnt sie, ihrer Schwester eine Geschichte zu erzählen, in der nicht nur Anna und Lisa, sondern auch das Stofftier Mumpy, die Prinzessin, das verwunschene Schloss, ein böser Zauberer und ein guter Prinz vorkommen. Die Geschichte denkt Lisa sich aus, während sie erzählt. Um es für die kleine Schwester noch interessanter zu machen, baut sie aus der Bettdecke der Schwester das Schloss, nimmt das Stofftier dazu und bastelt kurzerhand aus einem Waschlappen eine Prinzessin. Der Kopf der Prinzessin wird durch ein Haargummi vom Körper abgeteilt, und als goldene Haare fungiert eine Serviette, die Lisa der Lappenprinzessin um den Kopf knotet. Aus einfachsten Mitteln schafft sie so ein Puppenspiel und eine Zauberwelt für ihre Schwester. Sie beginnt, eine Geschichte zu erzählen und zu spielen. Ihr fallen immer mehr verwickelte Begebenheiten ein, bis endlich ein glückliches Ende kommt. Als die Eltern in das Zimmer zurückkommen, sind sie erstaunt, wie ruhig Anna ist. Sie hat fast vergessen, dass sie im Krankenhaus liegt und auf ihre Eltern wartet, weil sie so konzentriert war auf die Geschichte, die ihr ihre große Schwester erzählte und vorspielte.

Sensibel die Bedürfnisse der Mitmenschen zu erfassen und „richtig" zu reagieren – auch darin äußert sich Kreativität.

Mit ihrer Fähigkeit, die Situation einzuschätzen, in der sich ihre kleine Schwester gerade befand, beweist Lisa, wie sensibel sie ist. Dass sie aber nicht nur das Problem erkannte, sondern auch spontan eine ungewöhnliche Lösung entwickeln konnte, zeigt ihre besondere Kreativität im zwischenmenschlichen, aber auch im sprachlichen Bereich an. Lisa dachte sich aus dem Stegreif eine Geschichte aus, in die sie auch noch ihre kleine Schwester so einband, dass diese tatsächlich von ihrer schlimmen Situation abgelenkt wurde. Die Idee, Anna die Elemente der Geschichte bestimmen zu lassen, hat deren Motivation gesteigert, sich auf die Erzählung einzulassen. Auch die visuelle Umsetzung war wichtig, um Anna in diese Märchenwelt zu entführen. Hätte Lisa einfach nur irgendeine Geschichte erzählt, wäre Anna wahrscheinlich auch weiterhin unruhig und weinerlich geblieben. Aber ihrer Schwester gelang es, sie aus der Alltagwelt in eine Traumwelt zu versetzen. Auch auf diese Weise kann sich die Kreativität eines Kindes äußern.

Kreativität erkennen

Kreativ ist, wer eine Aufgabe auf originelle Weise löst und Neues schafft. Es muss sich dabei keineswegs um eine schwer wiegende Aufgabe handeln, sondern es kann einfach bedeuten, dass ein Kind eine Burg aus Bauklötzen baut, einen Urwald im Kinderzimmer gestaltet, eine Wohnhöhle in seinem Zimmer einrichtet, ein Bild von einer Fantasieinsel malt … Die Ausdrucksmöglichkeiten der Kreativität sind sehr vielfältig.

Farbalarm im Wohnzimmer

Grüne Farbe auf der Tapete – ist das kreativ?

Ideen haben viele Kinder. Immer wieder überraschen sie uns mit Taten, die uns manchmal auch sprachlos machen. Ist alles, was ungewöhnlich ist, auch kreativ? Wenn Ihr Kind im Vorschulalter grüne Farbe auf die Wohnzimmertapete malt, ist das zunächst einmal ärgerlich, aber ist es auch kreativ? Die Antwort ist nicht eindeutig. Um dies beurteilen zu können, brauchen wir mehr Informationen über die Situation. Ist Ihr Sprössling gerade in eine Auseinandersetzung mit dem kleinen Geschwisterchen verwickelt und hat in seiner Wut den Farbtopf umgeworfen, so war Ihr Kind sicherlich sehr wütend, aber nicht kreativ. Ganz anders liegt der Fall, wenn Ihr Kind auf dem Boden vor der bemalten Wand liegt und auf einem Blatt eine Landschaft malt. Plötzlich fällt ihm ein, dass Pflanzen ja eigentlich nicht auf dem Papier „liegen", sondern in den Himmel ragen. Es schiebt also das Blatt an die Wand, sozusagen als Boden, und beginnt damit, eine Pflanze an der Wohnzimmertapete hoch wachsen zu lassen. Hier müssen wir anerkennend feststellen, dass es sich um eine kreative Leistung Ihres Kindes handelt. Denn in diesem Fall setzt es sich nicht nur damit auseinander, wie die Natur beschaffen ist, sondern versucht auch, sich eine Möglichkeit zu überlegen, wie es selber die Beschaffenheit der Natur am besten darstellen kann. Es entwickelt eine eigene Lösung für ein Problem, auf das es selber gestoßen ist. Ein solcher Prozess stellt eine schöpferische Leistung dar.

Natürlich werden Sie sich über die Farbe an der Wand in beiden Fällen nicht wirklich freuen können. Aber im zweiten Fall lohnt es sich, Ruhe zu bewahren und die Leistung des Kindes zu würdigen. Ihr Kind sollte spüren, dass es einen tollen Einfall gehabt hat, dass es die Gabe hat, Probleme zu erkennen und seine Umwelt zu hinterfragen. Diese Fähigkeit ist es wert, anerkannt zu werden. Erklären Sie erst danach Ihrem Kind, dass die Lösung toll ist, aber auf der Tapete nicht ganz so schön. Bieten Sie Ihrem Kind stattdessen eine andere Möglichkeit an, seine kreative Idee umzusetzen. Geben Sie ihm z. B. einen alten Schuhkarton, an dessen Seiten die Pflanzen genauso gut hoch wachsen können wie an der Wand, nur mit dem Unterschied, dass auch Sie sich dann mehr darüber freuen können.

Wie man Kreativität erkennen kann

An vorhergehendem Beispiel wurde bereits deutlich, dass man immer nur in der jeweiligen Situation bestimmen kann, ob eine Handlung des Kindes kreativ ist oder nicht. Eine Handlung ist nur dann kreativ, wenn sie das Ergebnis einer Fragestellung darstellt.

Wenn Sie sich bemühen, Ihr Kind in seinem schöpferischen Denken zu fördern, kann Ihnen dieser Satz eine große Hilfe bedeuten. Natürlich sollten Sie diesen Satz nicht als strenge Regel betrachten. Verhält sich Ihr Kind kreativ, so sucht es aktiv nach einer eigenen Lösung für eine Frage und setzt sich auf seine Weise mit seiner Umwelt auseinander. Dies tut es nicht, wenn es ein Bild, das es schon x-mal gemalt hat, unverändert erneut malt. Dabei handelt es sich um ein Schema, das das Kind für die Darstellung, z. B. eines Tannenbaums, entwickelt hat.

Die Entwicklung solcher Schemata ist sehr wichtig für ein Kind, und Sie sollten es auch anerkennen, wenn Ihr Kind sich mit seinen Bildern ausdrückt. Richten Sie aber besondere Aufmerksamkeit auf jene Aspekte im Ausdruck Ihres Kindes, die kreative, eigene Leistungen darstellen.

Wenn Sie die Aktivitäten Ihres Kindes unterscheiden können, sind Sie in der Lage, besonders auf das kreative Verhalten einzugehen und dieses mit besonderer Aufmerksamkeit zu bedenken.

Eine Handlung ist nur dann kreativ, wenn sie das Ergebnis einer Fragestellung darstellt.

Was macht den Kaninchenbau kreativ?

Im Folgenden soll versucht werden, Merkmale zu bestimmen, anhand derer Sie erkennen können, ob die Dinge, die Ihr Kind produziert, kreativ sind oder nicht. Ein einfaches Beispiel bietet das Bild der fünfjährigen Helena (siehe Seite 40).

Helena malte Kaninchen in einer Erdhöhle. Sicherlich hatte Helena schon einmal Fotos von einer Kaninchenhöhle gesehen, oder sie erinnerte sich noch an einen Museumsbesuch und weiß daher, wie ein Kaninchenbau aussieht. Nur eine Höhle zu malen, stellte sie nicht zufrieden; sie überlegte sich, wie sie eine solche von der Außenwelt abgeschlossene und geschützte Behausung noch besser darstellen könnte. So kam sie auf die Idee, das Papier über den Kaninchen zu einer dicken, schützenden Erdschicht zusammenzufalten. Die Abgrenzung nach außen wird so viel deutlicher, und der plastische Charakter unterstreicht die Höhlenartigkeit.

Helena; Hasenhöhle

Helena stellte sich also einem Problem, auf das sie bei ihrer Darstellung gestoßen ist. Sie hatte schon mal eine Kaninchenhöhle gesehen und fand es nicht ausreichend, einfach nur die braune Farbe über den Kaninchen weiter zu zeichnen; sie wollte ihnen eine richtige Höhle bauen. Mit den Mitteln, die ihr zur Verfügung standen, suchte sie nach einer Lösung, die ungewöhnlich und überraschend ist, weil sie unsere üblichen Denkmuster überwindet. Für uns Erwachsene sind Bilder in der Regel rechteckig, und haben wir ein Blatt zum Bild erklärt, so verspüren wir eine Scheu, dessen äußere Form zu verändern. Für Helena waren diese Vorstellungen unwichtig, ihr ging es um eine möglichst gute Darstellung ihrer Idee. Auf diese Weise überwand sie tradierte Schemata und die Ehrfurcht vor der Struktur des Blattes. Sie entwickelte ihre eigene Form der Höhlendarstellung. Eine ungewöhnliche und schöpferische Leistung, die Helena allein für sich entwickeln konnte, weil sie unvoreingenommen nach einem Ausdruck suchte, der ihrem inneren Bild so gut wie möglich entsprach, und dabei die gegebenen Möglichkeiten voll ausschöpfte.

Bestehende Formen und Vorstellungen zu überwinden ist ein wesentliches Merkmal der Kreativität.

Bereiche der Kreativität

Wenn wir uns die Mühe machen, uns mit den Bildern und Produkten der Kinder intensiv auseinander zu setzen, sind wir oft überrascht über deren wunderbare Einfälle. Es macht sehr viel Spaß, sich solche Bilder anzuschauen und über die kreativen Leistungen der Kinder zu staunen. Und noch schöner ist es natürlich, wenn die Kinder von unserer Begeisterung profitieren können, indem sie merken, welchen Stellenwert diese besonderen Lösungen für uns haben.

Wichtig ist es, Kindern zu zeigen, wie wir über ihre Einfälle staunen.

> Die Beurteilung der Kreativität setzt die Existenz von Kriterien voraus, nach denen sich das Verhalten, das Produkt oder der Prozess als kreativ identifizieren lässt. Kreativität wird dabei als etwas verstanden, das die bestehenden Kategorien und Denkmuster überwindet.

Fast alle Menschen haben ein Alltagsverständnis von Kreativität, wobei jeder darunter etwas anderes versteht. Die fehlende Objektivität macht die Kreativität zu einem Phänomen, das nur schwer zu umschreiben ist und für das es keine eindeutige Erklärung gibt. Wir wollen uns dennoch bemühen, uns dem Phänomen anzunähern und eine Ahnung davon zu entwickeln, worum es dabei gehen kann.

In den Wissenschaften finden sich viele Definitionen der Kreativität. Dabei wird immer wieder betont, dass eine Idee dann als kreativ gelten kann, wenn sie in einer bestimmten Weise neu ist und auch einen sinnvollen Beitrag zu einer Problemlösung darstellt. Außerdem sollte sie in dem sozialen Umfeld, in dem sie entstanden ist, in irgendeiner Weise nützlich sein. Allgemein können wir also zusammenfassen, dass es um die sechs Aspekte der Sinnhaftigkeit, der Zielgerichtetheit, der Nützlichkeit, der Realitätsbezogenheit, der Neuheit und der Umweltbezogenheit geht.

Darüber hinaus kann man bei dem Ausdruck und der Betrachtung von Kreativität vier Bereiche unterscheiden: den kreativen Entstehungsprozess, das fertige kreative Produkt, die kreativ agierende Per-

Kreativität muss sich nicht immer in einem fertigen Produkt ausdrücken, auch Verhaltensweisen oder Gespräche können kreativ sein.

son und die kreativitätsunterstützenden Umweltbedingungen. Eine Betrachtung dieser vier wichtigen Bereiche macht schon deutlich, wie schwierig es ist, von Kreativität zu sprechen. Manchmal müssen wir den Entstehungsprozess beobachtet haben, um erkennen zu können, dass ein Ergebnis ein kreatives Produkt ist (die grüne Farbe im Wohnzimmer, siehe Seite 38). Manchmal reicht es aus, das Produkt zu betrachten, um die kreative Leistung zu verstehen (das Gottesbild von Maren, siehe Seite 31). Und dann gibt es natürlich auch kreative Prozesse, die keine Produkte hinterlassen, weil sie vielleicht darin bestehen, dass man im Gespräch auf sehr ungewöhnliche Weise einem anderen Menschen weiterhilft. Im Folgenden wollen wir diese Einzelaspekte der Kreativität näher beleuchten, weil sie bei dem Verständnis dafür helfen, was Kreativität ausmacht und wie wir sie nicht nur in uns selber wiederentdecken, sondern auch in unseren Kindern fördern können.

Was ist ein kreatives Produkt?

Die Umwelt ist immer an der Beurteilung von Kreativität beteiligt.

Das kreative Produkt ist das Ergebnis des kreativen Verhaltens einer Person. Oft haben wir, wenn wir an Kreativität denken, Bilder der Kunst vor Augen. Oder wir denken an die Bilder oder Objekte, die unsere Kinder gemalt oder gebastelt haben. Aber Kreativität kann sich auch an ganz anderen Stellen zeigen. Wenn Ihr Kind ein eigenes Computerspiel programmiert, sich in seinem Zimmer eine Vorrichtung baut, die das Klingeln des Weckers mit dem Wegziehen der Bettdecke verbindet, oder eine andere ungewöhnliche Idee zur Erleichterung des Alltags erfindet, so hat es ebenfalls ein kreatives Produkt geschaffen. Nicht immer sind die Lösungen Ihres Kindes so spektakulär wie die gerade beschriebenen, aber diese Beispiele sollen nur verdeutlichen, worum es geht. Ein kreatives Produkt kann auch eine Einigung unter streitenden Geschwistern sein.

Die Produkte der Kinder können wir uns in der Regel anschauen. Aber wie können wir dabei unterscheiden, ob sie nun kreativ sind oder nicht? Und wer sollte kompetent sein, darüber zu entscheiden?

Eine Idee kann nicht objektiv gut sein, genauso wenig wie eine Mehrheitsabstimmung von Konsumenten die Qualität der Kreativität bestimmen kann (wenn es um kommerzielle Produkte geht). Und dennoch ist die Umwelt an der Beurteilung der Kreativität beteiligt, denn eine Idee, die von der Gemeinschaft nicht verstanden werden kann, ist letztlich nicht angemessen, auch wenn sie ihrer Zeit weit voraus ist.

Fünf Kriterien der Kreativität

Als Kriterien zur Bestimmung des kreativen Produkts haben sich im Wesentlichen fünf Aspekte durchgesetzt, wobei den ersten beiden die größte Bedeutung zugeschrieben wird. Demnach soll ein kreatives Produkt in irgendeiner Weise etwas Neues und damit Originelles enthalten. Dies ist der Fall, wenn Ihr Kind eine neue Form der Gestaltung für sich entdeckt, wie z. B. Linnea in ihrem „Bekleidungsbild" (siehe Seite 23). Auch Lisa ging sehr originell mit der Situation im Krankenzimmer ihrer Schwester um (siehe Seite 34 ff.). Der zweite Aspekt, den das kreative Produkt erfüllen soll, ist die Realitätsangepasstheit oder Sinnhaftigkeit. So hatte z. B. Linneas Bild den Sinn, ihre aktuelle Auseinandersetzung mit dem Bekleidet-Sein von Menschen auszudrükken. Lisas Erfindungsreichtum hatte den Sinn, die kleine Schwester in ihrer unglücklichen Lage etwas abzulenken.

Kreativität beinhaltet immer Originalität und Sinnhaftigkeit.

Das dritte Kriterium der Kreativität ist die ästhetische Vollkommenheit der Lösung. Kreative Bilder fallen oft durch eine besondere Darstellungsweise auf. Wenn man z. B. die Bilder einer ganzen Kindergruppe zu einem Thema vor sich hat, so fallen die besonders kreativen Arbeiten in der Regel dadurch auf, dass sie optisch ansprechender sind, dass sie mehr Details zeigen oder ungewöhnlichere Farbkombinationen enthalten. Solche Bilder bestechen oft durch ihre ästhetische Vollkommenheit.

Besonders kreative Bilder bestechen oft durch ihre ästhetische Vollkommenheit.

Sie können Ihr Auge für kreative Bilder besonders gut schulen, wenn Sie sich immer mal wieder bewusst die Arbeiten einer ganzen Gruppe im Kindergarten oder in der Schule, wo sie oft aufgehängt werden, betrachten.

Das vierte Kreativitätsmerkmal trifft eigentlich nur auf die Kreativität der Erwachsenen zu und wird beschrieben als Fähigkeit, neue Existenzmöglichkeiten für den Menschen zu entwickeln. Eine solche gesellschaftliche Tragweite gibt es bei den Werken der Kinder noch nicht.

Das letzte Kriterium ist das der Ausgestaltung, Realisation und Kommunikation der zugrunde liegenden Idee. Hat also ein Kind nur viele fantasievolle Ideen oder versucht es, diese auch umzusetzen? Hätte sich Lisa lediglich gedacht, es wäre schön, der Schwester eine Geschichte vorzuspielen, aber es gibt im Krankenhaus ja gar nicht die Möglichkeiten dazu, so hätte sie zwar eine gute Idee gehabt, diese aber nicht realisiert. Erst durch die Umsetzung wird die Idee zu einer kreativen. Allerdings bleiben manche kreativen Produkte auch ganz in den Gedanken, z. B. wenn zwei Kinder sich in eine gemeinsame Fantasiewelt hineindenken und in dieser agieren. Auch diese kreativen Aktivitäten von Kindern sind wertvoll.

Ebenen der Kreativität

Kreatives Schaffen kann sich auf vielen Ebenen – von der expressiven bis zur strukturellen – vollziehen.

Abgesehen von diesen Merkmalen der Kreativität unterscheidet man in der Wissenschaft noch unterschiedliche Ebenen, in denen sich Kreativität zeigt. Hier steht an erster Stelle die expressive Kreativität, mit der der spontane Erfindungsgeist der Kinder gemeint ist. Als zweite Stufe spricht man von der produktiven Kreativität, bei der vorhandene Informationen aufgenommen und auf neue Bereiche angewendet werden. Die dritte Ebene ist die der erfinderischen Kreativität, bei der aus einer inneren Flexibilität heraus eigene Ideen entwickelt werden, die zu völligen Neuschöpfungen führen – so wie es z. B. dem Erfinder der Glühbirne gelang. Die vierte, die erneuernde Kreativität, setzt ein tief greifendes Verständnis eines Problembereichs voraus, aus dem heraus eine neue Sicht der Dinge entwickelt wird. Und schließlich wird die emergentive Kreativität erreicht, wenn es zu einer kompletten Umstrukturierung eines umfangreichen Wissens- oder Erfahrungsgebiets kommt.

Die Beschreibung der unterschiedlichen Ebenen zeigt schon, dass die Kreativität ihren Ursprung in der Kindheit hat und dass hier besondern die expressive und produktive Kreativität von Bedeutung ist. Alle anderen Bereiche beziehen sich auf die von Erwachsenen gezeigte Kreativität, die uns hier nicht weiter beschäftigen soll.

Blumen aus Sand

Wie man ein kreatives Produkt erkennen kann, soll am Beispiel von Uschis Bild verdeutlicht werden. Kleine Kinder spielen sehr gerne mit Sand. Die Spuren, die sie mit Stöcken am Strand hinterlassen, begeistern sie. Genauso gerne benutzen sie Sand als Baustoff für Burgen, Landschaften oder zum Backen von Sandkuchen. Die Beschäftigung mit dem Sand ist also nicht das eigentlich Kreative, sondern vielmehr, wie er verwendet wird.

Uschi;
Blumen aus Sand

Die fünfjährige Uschi fand hier einen eigenen Weg und schuf auf diese Weise ein ungewöhnliches Bild. Sie übertrug die Malweise, die ihr vom Umgang mit Kreiden und Wasserfarben vertraut ist, auf ganz andere Materialien und trat damit in den Bereich der produktiven Kreativität ein. Sie malte mit Holzleim auf ihrer Pappe, als sei es Fingerfarbe, und machte dann ihre Malerei sichtbar, indem sie Sand darüber streute. An den Stellen, an denen der Klebstoff verteilt war, blieb der Sand haften und ließ ein Bild entstehen. Die kleine Uschi hat so

45

ein Bild geschaffen, das zwar nicht vom Motiv her (Blume und Haus) originell ist, aber doch hinsichtlich der Art der eingesetzten Ausdrucksmittel. Sie erarbeitete sich damit selber eine neue Möglichkeit der Herstellung von Bildern. Das Sandbild erfüllt seinen Zweck als Ausdrucksmedium und ist damit sinnvoll und gleichzeitig ästhetisch. Die Ausarbeitung dieser Idee erfolgte über verschiedene Versuche, wobei Uschi eine ganze Serie dieser Sandwelten schuf, um auszuprobieren, ob die Technik, die sie entdeckt hatte, auch wiederholbar ist und ob andere verstehen können, was sie dargestellt hat. In diesem Sinne sind die Kreativitätskriterien für Uschis Bild erfüllt.

Dabei ist es nicht wichtig, dass vor Uschi schon andere Kinder oder Erwachsene auf die Idee gekommen sind, auf diese Weise Bilder zu produzieren. Wichtig ist, dass Uschi diese Entdeckung für sich selbst machte, und das ist ihre kreative Leistung.

Wie sieht ein kreativer Prozess aus?

Kreativität vollzieht sich in einem mehrphasigen Prozess.

Viele denken beim Stichwort „kreativer Prozess" an den plötzlichen Einfall einer guten Idee, mit der ein lang gehegtes Problem lösbar wird. Aber Kreativität ist mehr als dieser Augenblick. Wir vergessen das oft, wenn wir von den spontanen Einfällen anderer beeindruckt sind. Denn die Entwicklung kreativer Lösungen findet in der Regel innerhalb eines aus mehreren Phasen bestehenden Prozesses statt. Solche Phasen lassen sich auch schon bei Kindern beobachten.

Sich eine Frage stellen
Ausgangspunkt des kreativen Prozesses ist die aktive Auseinandersetzung mit der Umwelt. Indem das Kind sich mit seiner Umwelt beschäftigt und eigene Bedürfnisse oder Wünsche entwickelt, wird es dazu angeregt, Probleme wahrzunehmen. Bei kleinen Kindern läuft dieser Prozess manchmal unbemerkt ab, manchmal stellen sie aber auch laut die Fragen, die sich aus ihrer Beschäftigung mit der Umwelt ergeben. Für kleine Kinder sind die Dinge, die Erwachsene tun, oft unverständlich, und so stellen sie viele Dinge in Frage, die uns als

ganz normal erscheinen, weil wir uns daran gewöhnt haben. Warum kommt die Milch in den Kühlschrank? Warum müssen Erwachsene arbeiten gehen? Warum können Engel fliegen und Menschen nicht? ... Solche Fragen werden Sie sicher aus Ihrem Alltag kennen. Sie zeigen, dass Kinder sich damit beschäftigen herauszufinden, wie unsere Umwelt organisiert ist. Dabei wollen sie auch wissen, welche Erklärungen Erwachsene parat haben. Manchmal entdecken sie dabei auch Ungereimtheiten, Fragen, auf die Erwachsene keine Antworten haben, wo auch diese mit den Achseln zucken.

Kinder stellen alles in Frage.

Das spontane Entdecken verborgener Probleme ist ein wichtiger Teil der kreativen Fähigkeiten einer Person und setzt eine unvoreingenommene Auseinandersetzung mit den materiellen und sozialen Gegebenheiten sowie den eigenen Bedürfnissen und Motiven voraus. Kinder sind Meister in dieser Unvoreingenommenheit. Sie versuchen mit der ihnen eigenen Naivität, sich allen Problemen zu stellen, die sie erkennen, und sie gehen dabei auch Fragen nach, die uns nicht beschäftigen (z.B. warum Engel Flügel haben).

Informationen sammeln

In einem weiteren Schritt geht es darum, nicht nur so viele Informationen wie möglich zu dem Problem zu sammeln, sondern sich auch spielerisch dem Problemfeld zu nähern. In dieser Fähigkeit sind Kinder wahre Meister. Sie sind in viel stärkerem Maße als Erwachsene dazu in der Lage, ungewöhnliche Assoziationen und spontane Einfälle zur Lösung des von ihnen entdeckten Problems zuzulassen. Erwachsene sind viel eher gewohnt, einseitig zu denken, weil sie bereits zahlreiche Routinen und konventionelle Lösungswege entwickelt haben. In Kindern ist die kreative Kraft oft viel lebendiger als im späteren Lebensalter, so dass sie uns oft mit ungewöhnlichen Verknüpfungen überraschen. Als Erwachsene denken wir viel zu schnell über die Realisierbarkeit von Ideen nach. Oder wir befürchten, dass andere über uns lachen könnten, wenn wir skurrile Einfälle äußern. Solche inneren kritischen Stimmen sind bei Kindern noch nicht so ausgeprägt, und wir sollten uns daher davor hüten, diese Rolle für die Kinder zu übernehmen. Für die Qualität der Lösung ist ein solcher inspi-

Kinder sind voller Fantasie.

rierter Zugang zu dem Problem förderlich. Bei der Kreativität der Erwachsenen im Berufsalltag muss natürlich auch die Rationalität eine Rolle spielen, ein Aspekt, der bei der spontanen Kreativität der Kinder weniger ins Gewicht fällt. Deshalb sollten wir uns bemühen, der Fantasie und dem Einfallsreichtum der Kinder nicht zu schnell rationale Erwachsenenargumente entgegenzustellen. Vielmehr müssen wir uns darin schulen, uns auf die ungewöhnlichen Kombinationen und Ideen der Kinder einzulassen. Wir sollten herausfinden, was sich das Kind dabei gedacht hat, wie es auf seine Lösung gekommen ist, und seinen Ideenreichtum angemessen würdigen.

Lösungen müssen ausgebrütet werden

Kreativ sein geht nicht unter Druck.

Die Phase, in der die gesammelten Informationen, Eindrücke und Assoziationen im Kopf kombiniert werden, nennt man Inkubationszeit. Diese Phase braucht oft Zeit und findet ganz unbemerkt statt und auch, obwohl man nicht einmal bewusst über die Lösung des Problems nachdenkt. Das Gehirn arbeitet unbemerkt weiter an der Lösung. Diese Phase lässt sich mit dem Zustand des Verdauens vergleichen. Sie braucht Zeit und kann nicht unter Druck stattfinden, und sie lässt sich nicht willentlich beschleunigen. Unser Unbewusstes verarbeitet die Informationen, die unser Bewusstsein aufgenommen hat. Deshalb funktioniert dies besonders gut bei körperlicher und psychischer Entspannung. Und auch dies lässt sich nicht erzwingen. Zugang zu diesem Informationsspeicher in unserem Kopf haben wir über unsere Intuition, eine Fähigkeit, die besonders Kindern zugänglich ist. Deshalb haben sie oft viel schneller originelle oder kuriose Einfälle als Erwachsene.

Die Idee ist da

Eine spontane Erleuchtung kommt oft unverhofft.

Eine spontane Lösungsidee beendet die eher unbewusst ablaufende Phase der Inkubation. Diesen Moment nennt man die Illumination. Da die vorherige Phase oft als frustrierend, verwirrend und beunruhigend erlebt wird, bedeutet die Lösungsidee eine Erleichterung für die Person. Dieser Moment des spontanen Einfalls wird oft mit besonderer Aufmerksamkeit bedacht und manchmal auch zu Unrecht mit Kreativität gleichgesetzt. Mit dem Phasenmodell können wir sehen, dass dieser Einfall, der einer Neuorganisation des Problems entspricht, nicht vom Himmel fällt, sondern das Ergebnis einer aktiven Auseinandersetzung ist. Die Idee allein ist also nicht die ganze Wahrheit der Kreativität.

Ideen eine Gestalt geben

In der folgenden letzten Phase muss sich dann herausstellen, ob die entwickelte Idee auch umsetzbar ist. Erwachsene im beruflichen Alltag müssen jetzt ihre Einfälle auf deren Alltagstauglichkeit hin überprüfen. Kosten-Nutzen-Aufstellungen können dabei eine hilfreiche Stütze sein, genauso wie eine Antizipation von Reaktionen der Umwelt. Vielleicht führen diese Überlegungen auch noch einmal zu einer Veränderung der Lösung. Diese Phase schließt auch die Diskussion mit der Umwelt ein. Und sie endet schließlich mit der Realisation der entwickelten Lösung. Für Kinder bedeutet dies, dass sie ihre Idee umsetzen, indem sie sie malen, basteln oder im Spiel realisieren.

Ist eine Idee entstanden, muss sie Gestalt annehmen und realisiert werden.

Theorie und Praxis – nicht immer gleich

Der skizzierte Phasenverlauf entspricht dem idealtypischen Verlauf, den die Wissenschaft betrachtet. In Wirklichkeit kann der kreative Prozess sehr unterschiedlich verlaufen. Einzelne Phasen können übersprungen werden, andere werden wiederholt durchlebt. Je nach Person und Problem unterscheidet sich der Verlauf. Insbesondere bei kleinen Kindern sind die Phasen der Informationssammlung und Verarbeitung nicht so stark ausgeprägt. Sie verdauen in gewisser Weise ständig die auf sie einströmenden Informationen der Umwelt und bedienen sich auf diese Weise viel ungezwungener und direkter an den Eingebungen ihrer Intuition. Die fehlenden Einschränkungen im Denken geben ihnen die notwendige spielerische Haltung zur neuen Kombination von Lösungselementen. Die beneidenswerte Flexibilität des kindlichen Denkens macht die Entwicklung kreativer Ideen vergleichsweise einfach. Und auch die Phase der Realisation und Alltagstauglichkeit ist für Kinder nur von eingeschränkter Bedeutung. Eine Realisation ist schon gelungen, wenn Kinder ihre Einfälle zeich-

Kinder müssen ihre kreativen Werke noch nicht auf ihren „Nutzen" hin überprüfen.

nen, malen oder basteln können. Sie sind noch nicht dem Leistungs-
prinzip des Marktes unterworfen und müssen keinen beruflichen
Nutzen und Erfolg aus ihren Ideen ziehen. Bei älteren Kindern kann
ein solcher Erfolg sich jedoch auch als ein Nebeneffekt einstellen.
Dies ist insbesondere bei den Wettbewerben von „Jugend forscht" zu
beobachten, wo Jugendliche oft mit einfachen technischen Hilfsmit-
teln zu sehr ausgefeilten ungewöhnlichen Lösungen für wissenschaftliche Probleme kommen, die dann schließlich auch die Wirtschaft
interessieren können. Aber ein solcher Nutzen der kreativen Einfälle
ist eher die Ausnahme.

Fassen wir zusammen:
Kreativität besteht nicht nur aus einer originellen Idee, die einem Kind einfällt. Ideen zu haben, ist nicht förderbar. Dadurch
aber, dass Ideen im Verlaufe eines kreativen Prozesses erst
entstehen, haben wir die Möglichkeit, Kinder aktiv bei der Produktion kreativer Ideen zu unterstützen.

Das kreative Kind

*Kreative Menschen verfügen über bestimmte Persön-
lichkeitsmerkmale. Diese sind schon bei Kindern ange-
legt. Eltern sollten daher bei ihren Kindern Hinweise
auf nützliche Fähigkeiten und Fertigkeiten für die Äußerung kreativen Verhaltens erkennen und beachten.*

Kreativität und Lebensalter

Besonders kreativ sind Kinder im dritten bis fünften Lebensjahr.

Heute weiß man, dass Kreativität kein unveränderliches Merkmal der Persönlichkeit ist. Deshalb lassen sich auch zahlreiche Einflussfaktoren und Gegebenheiten der Umwelt beschreiben, die dazu führen, dass Kinder häufiger kreatives Verhalten zeigen. Auf Grund dieser Erkenntnisse wissen wir heute, dass man die Kreativität eines Kindes fördern kann.

Außerdem wurde festgestellt, dass die gezeigte Kreativität nicht in jedem Lebensalter gleich ist. Man spricht von einem besonderen Höhepunkt des kreativen Verhaltens in einem Alter von ca. drei bis vier Jahren. Mit dem Schuleintritt sinkt der kreative Ausdruck der Kinder meist, um im Verlaufe des vierten Schuljahres noch weiter einzubrechen.

Das sich kreativ äußernde Kind kann nicht unabhängig von seinem gesellschaftlichen, sozialen und kulturellen Umfeld betrachtet werden. Die Einbrüche im kreativen Selbstausdruck zum Zeitpunkt des Schuleintritts scheinen nicht zufällig oder unabhängig von diesem zu sein. Vielmehr deutet sich hierbei eine spezifische Förderung bestimmter Verhaltensweisen an, zu denen kreatives Verhalten offensichtlich nicht gehört.

Sind kreative Kinder hoch intelligent?

Obwohl wir wissen, dass die Beschaffenheit der Umwelt einen großen Einfluss auf die Kreativität eines Kindes ausübt, wird in der Forschung auch immer wieder nach Persönlichkeitsmerkmalen gesucht, die sich besonders bei hoch kreativen Kindern finden lassen. Solche Eigenschaftslisten darf man nicht als festes Muster missverstehen. Wenn man kreativ sein möchte, muss man sich selber darum bemühen, das eigene kreative Verhalten zu entwickeln. Kinder bringen die Möglichkeit dazu mit, aber damit ihnen diese Eigenschaft dauerhaft erhalten bleibt, müssen sie sich bemühen, ihre Persönlichkeit weiter zu entfalten. Allerdings lassen sich bestimmte Merkmale besonders oft bei jenen Personen bestimmen, die in ihrem Leben ein sehr hohes Maß an Kreativität gelebt haben, wie z. B. große Künstler oder bedeutende Wissenschaftler.

52

Es wurde bereits ausgeführt, dass das Kreativitätskonzept als Gegenstück zum Intelligenzkonzept entwickelt wurde (siehe Seite 15). Aus diesem Grund wurde in der Forschung immer wieder versucht, die beiden Modelle zueinander in Beziehung zu setzen. Dabei stellte man fest, dass die entsprechenden Merkmale nicht sehr stark zusammenhängen. Zwar ist ein gewisses Maß an Intelligenz notwendig, um kreatives Verhalten zeigen zu können, aber diese allein reicht nicht aus, um die Produktion kreativer Leistungen zu erklären. Kreative Personen müssen also nicht hoch intelligent sein. Ab einem IQ von ca. 120 Punkten scheint eine noch höhere Intelligenz nicht dazu zu führen, dass die betreffenden Personen auch noch kreativere Ideen entwickeln können. Man spricht daher von einer „Intelligenzschwelle".

Kreativität ist nicht zwangsläufig an eine hohe Intelligenz gekoppelt.

Intelligenz und Kreativität hängen aber durchaus zusammen. Diese Verzahnung wird deutlich, wenn man sich mit den Fähigkeiten beschäftigt, die zur Entwicklung kreativer Ideen und Problemlösungen notwendig sind. Hierbei sind insbesondere Fähigkeiten des divergenten Denkens (Denken, das in mehrere Richtungen geht, d. h. mehrgleisig und assoziativ gestaltet ist) und des transformatorischen Denkens (die Übertragung von Lösungen in andere Zusammenhänge) entscheidend. Entsprechende Denkfähigkeiten gehören auch zu den Merkmalen der Intelligenz. Es zeigt sich also, dass ein Teil der Intelligenzfaktoren auch notwendig ist für die Produktion kreativer Ideen. Allerdings sind sie allein nicht ausreichend, um originelle Einfälle und unkonventionelle Problemlösungen zu gewinnen.

Auch in den Modellen der Hochbegabung von Kindern spielt Kreativität eine bedeutsame Rolle, wie in dem Modell von Mönks (1999) deutlich wird. In der Schnittmenge der drei Merkmalskreise Motivation, Kreativität und hervorragende Fähigkeiten entwickelt sich eine Hochbegabung.

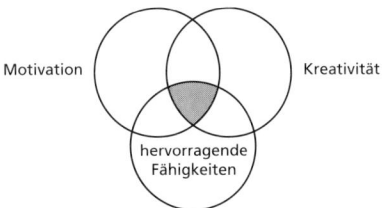

Welche Fähigkeiten haben kreative Kinder?

Kreative Kinder erkennen Probleme und suchen nach Lösungen.

In den Wissenschaften werden noch einige andere Fähigkeiten dafür verantwortlich gemacht, dass eine Person kreatives Verhalten zeigt. Bereits in den 50er-Jahren stellte J. P. Guilford eine Liste von Merkmalen zusammen, die sich besonders oft bei Menschen finden lassen, die ein ausgeprägtes kreatives Verhalten zeigen. Im Folgenden sollen die einzelnen Merkmale vorgestellt werden, um zu zeigen, welche Verhaltensweisen und Fähigkeiten kreatives Verhalten begünstigen.

Hierbei ist die Fähigkeit zu nennen, die Umwelt offen und kritisch wahrnehmen zu können und Verbesserungsmöglichkeiten zu entdecken. Bei diesem Merkmal spricht man von Problemsensitivität. Dies bedeutet also, dass ein Kind sich aktiv mit seiner Umwelt auseinander setzt und nach Möglichkeiten sucht, wie es vielleicht etwas in seiner Umwelt sinnvoll umgestalten kann. Solche Ideen müssen nicht unbedingt realisierbar sein. So hat z. B. der achtjährige Marold eine Maulwurffallenvernichtungsmaschine entworfen, weil es ihn erschütterte, dass der Opa seines Freundes diese niedlichen Tiere immer mit grausamen Fallen tötete. Da er nicht das Gefühl hatte, mit dem Opa reden zu können, entwarf er eine Maschine, die die Fallen aufsuchen und unschädlich machen sollte. Dies ist eine kreative Auseinandersetzung mit der direkten Umwelt, auch wenn Marold seine Maschine nicht bauen konnte, weil ihm dazu Materialien, Werkzeuge und Wissen fehlten.

Flexibles, vielseitiges Denken zeichnet kreative Kinder aus.

Eine andere wichtige Fähigkeit für die Entwicklung kreativer Ideen ist die Fähigkeit, in kurzer Zeit viele Ideen produzieren zu können. Diese Fähigkeit bezeichnet man als Gedankenflüssigkeit. Es reichte also nicht aus, dass der kleine Marold ein Problem in seiner Umwelt entdeckt hatte, für das er eine Lösung suchte, sondern er musste auch dazu in der Lage sein, Ideen zu entwickeln, die als realistische Lösungen angesehen werden können. In engem Zusammenhang steht dazu die Fähigkeit, in viele verschiedene Richtungen denken zu können. Das Denken ist also auf diese Weise von einer großen Flexibilität und Beweglichkeit geprägt.

Ein anderes hervorstechendes Merkmal der Kreativität ist die Fähigkeit, ungewöhnliche Lösungen zu finden. Die damit gezeigte Originalität macht gerade das aus, was uns an der Kreativität der Kinder immer wieder so besticht. Es werden Ideen ausgedrückt, die trotz ihrer Einfachheit überraschend und ungewöhnlich sind. Dies kann z.B. dann der Fall sein, wenn ein Kind den Dingen des Alltags neue Bedeutungen oder neue Bestimmungen zuschreibt. Es erfolgt dabei eine Re-Definition, die eine weitere Fähigkeit des kreativen Menschen ausmacht. So können z.B. Küchengeräte zu wunderbaren Stabpuppen für das selbst gebaute Wohnzimmertheater umgestaltet werden. Kinder sind in dieser Beziehung sehr einfallsreich. Man kann dies auch oft in Fernsehreportagen aus Armutsgebieten beobachten, wenn man auf die Spielsachen der Kinder achtet. Da werden Stöcke zu Puppen, alte Coladosen zu Autos und Autoreifen zu Schaukeln umgebaut. Alle diese Spielgeräte sind Beispiele für eine Re-Definition von Gegenständen. Die Armut dieser Kinder fordert deren Fähigkeit, sich selber etwas zum Spielen zu suchen und zu basteln, heraus. Sie können alles, was sie finden, verwenden und zu interessanten Spielsachen umbauen.

Wenn Alltagsgegenstände in neuen Zusammenhängen verwendet werden, spricht man von kreativer „Re-Definition".

Und damit sind wir auch schon bei einer weiteren Fähigkeit angelangt, bei jener, einen konkret umsetzbaren Plan aus einer Idee heraus zu entwickeln. Diese Realisation einer Idee bezeichnet man auch als Elaboration. Unter diesem Begriff wird aber auch die Fähigkeit verstanden, eine Idee mit vielen Details auszustatten. Bei der Umsetzung wird eine Vielzahl kleiner Merkmale berücksichtigt, die dazu dienen, die Idee auszuschmücken. Von einer solchen Elaboration ist auch der Entwurf des kleinen Marold geprägt. Er gab sich bei der Ausgestaltung seines technischen Maulwurfsgerätes große Mühe und versuchte damit, es so realisierbar wie möglich zu gestalten.

Welche Persönlichkeit haben kreative Kinder?

Die bisherigen Untersuchungen der Persönlichkeitsmerkmale kreativer Personen brachten teilweise widersprüchliche und überraschende Ergebnisse. Entgegen der landläufigen Annahme, dass kreative Personen psychisch labil und neurotisch seien, konnte nachgewiesen werden, dass sie eher als psychisch gesund und emotional stabil ein-

Kreative Menschen müssen keineswegs zerstreute Professoren oder liebenswerte Chaoten sein.

zustufen sind. Von dem Bild des blassen, zerstreuten und etwas verrückten Erfinders, der irgendwo abgeschieden allein lebt und nur an seinen Ideen bastelt, scheinen wir uns somit verabschieden zu müssen. Wenn auch dieses Klischee auf manche kreative Menschen zutreffen mag, so sind diese Merkmale aber dennoch nicht kennzeichnend für kreative Menschen.

Vielmehr konnte nachgewiesen werden, dass kreative Menschen zwar mehr Ängste erleben, dabei aber eine hohe emotionale Stabilität und Ich-Stärke aufweisen. Ihr Verhalten ist insbesondere durch ein starkes Energiepotenzial und ein ausgeprägtes Neugierverhalten gekennzeichnet. Hoch-Kreative können sich oft auch sehr kindlich und naiv verhalten; vielleicht gelten sie deshalb oft als weltfremd. Dieses Verhalten unterscheidet sich aber in einem Punkt sehr deutlich von jenem neurotischer Personen. Während der Kreative sein Verhalten kontrollieren kann, also in der Lage ist, von einem kindlich-naiven Verhalten zurückzuspringen zu einem angemessenen erwachsenen Verhalten, kann dies der Neurotiker nicht. Dieser gibt sich vielmehr in unkontrollierbarer Weise seinem unangepassten Verhalten hin. Es zeichnet den kreativen Menschen in besonderer Weise aus, dass er seine bildliche Vorstellungskraft und seine spielerisch-kindlichen Anteile zu nutzen versteht und diese in sein Denk- und Problemlösungsverhalten integrieren kann.

> Das Geheimnis kreativer Persönlichkeiten scheint in einem Erhalt der eigenen Kindlichkeit zu bestehen. Die Wurzel der Kreativität liegt damit in der Kindheit.

Kindliche Neugierde und Vorstellungskraft müssen erhalten bleiben.

Es ist Aufgabe der Eltern und Erzieher, Kindern die Freude an ihren kindlichen Fähigkeiten und Fantasien zu erhalten. Auf diese Weise können sie dazu beitragen, dass solche Talente bei Kindern auch in höherem Alter noch erhalten bleiben und nicht völlig verloren gehen. Und auch das Selbstbewusstsein der Kinder kann auf diese Weise gestärkt werden.

Kreativität und Leistung

Stellen wir eine provokante Frage: Wozu soll eine Anregung der Kreativität überhaupt gut sein? Fantasie und Ideenreichtum können in der Alltagswelt oft auch hinderlich sein, weil es Fähigkeiten sind, die nicht immer erwünscht werden. Andererseits kann man auch ohne diese Qualitäten als Erwachsener erfolgreich sein. Warum also sollte man sich insbesondere um die Kreativität bemühen?

Kreative Menschen streben nach Selbstverwirklichung und sind dabei sehr leistungsbereit.

Eine der Hauptantriebsfedern der kreativen Menschen ist deren starkes Bedürfnis nach Selbstverwirklichung. Wir haben gesehen, dass kreatives Verhalten bedeutet, die Möglichkeiten der eigenen Person zu erkunden und zu entwickeln. Andererseits bedeutet es auch, dass man in der Lage ist, offene Probleme zu erkennen und nach Lösungen zu suchen, die neu und ungewöhnlich sind. Das kreative Kind stellt also da Fragen, wo andere Kinder die Antworten der Erwachsenen akzeptieren. Sie sind daher in gewisser Weise unbequemer, weil sie nicht müde werden nachzuhaken und weniger leicht Dinge einfach so hinzunehmen, wie sie ihnen gesagt werden. Diese Fähigkeiten sind nicht nur in der modernen Gesellschaft von zentraler Bedeutung, sondern wirken auch motivierend auf eine Person. Wenn ein Kind schon früh lernt, diese Fähigkeiten an sich selber zu schätzen und zu nutzen, so wird es dauerhaft motiviert sein, nach eigenen Lösungen zu suchen. Es wird auf diese Weise weniger anfällig dafür sein, fertige Konzepte von anderen zu übernehmen, und es wird eher bereit sein, Dinge in seiner Umwelt kritisch zu hinterfragen. Diese Orientierung an eigenen Möglichkeiten und Lösungen macht kreative Menschen zu besonders leistungswilligen Menschen. Sie arbeiten nicht für abstrakte Ziele anderer, sondern haben die Fähigkeit, sich selber einzubringen.

Die Forschung hat gezeigt, dass Kreative auch stärker als andere bereit sind, Konflikte durchzustehen, Frustrationen und unübersichtliche Situationen zu ertragen. Sie lieben nicht nur das Neue, sondern bevorzugen auch komplexe, unregelmäßige und mehrdeutige Umweltreize. An der Fähigkeit, mit Komplexität, Unsicherheit und Konflikten souveräner umgehen zu können, zeigt sich auch, dass Kreative unabhängiger und autonomer sind. Sie scheinen weniger anfällig für konformes Verhalten zu sein und sich weniger gut mit unbefriedigenden Verhältnissen abfinden zu wollen. Kreative sind also eher selbstsicher und auch aktiver als die meisten anderen Menschen. Sie zeichnen sich durch ihre Unkonventionalität, Nonkonformität und Spontaneität aus. Sie haben den Mut, ihre neuartigen ungewöhnlichen Ideen auch nach außen hin zu vertreten. Gleichzeitig schützt sie eine höhere Frustrationstoleranz und ein ausgeprägtes Durchhaltevermögen sowie eine gewisse Hartnäckigkeit davor, zu schnell frustriert zu sein, wenn andere nicht auf die neuen Ideen eingehen. Die Leistungsfähigkeit der Kreativen begründet sich also in besonderem Maße in dem Arbeiten für die eigene Sache. Diese Konzentration auf die eigenen Lösungsversuche und Fähigkeiten wirkt sich höchst motivierend auf Kinder aus.

Kreative Kinder – unbequeme Kinder?

Kinder, die immer neue Ideen haben und alles in Frage stellen, können auch anstrengend sein.

Durch ihre Aktivität und ihre Fähigkeit, alles in Frage zu stellen, erscheinen kreative Kinder oft als anstrengend für Erwachsene. Besonders in der Schule lassen sich kreative Kinder nicht so schnell mit einer fertigen Antwort abspeisen. Dies ist insbesondere für unsichere Erzieher/innen und Lehrer/innen eine Herausforderung, die manche auch als Provokation oder Angriff erleben. Wenn sie der Wissbegierde und den Fragen der Kinder nichts entgegensetzen können, weil dies nicht in den Unterricht eingeplant war, mag es sein, dass diese Kinder für ihr Verhalten bestraft werden. Dies ist natürlich wenig förderlich für die Kreativität eines Kindes.

Bemühen Sie sich deshalb so oft wie möglich, die Wissenslust Ihres Kindes zu fördern und darauf einzugehen. Dieses frühe Streben nach Erkenntnissen ist entscheidend für die Entwicklung kreativer Fähigkeiten. Sollten Sie bemerken, dass Ihr Kind an einen Erzieher / eine Erzieherin in Kindergarten oder Schule geraten ist, der / die sich von den kreativen Impulsen Ihres Kindes eher angegriffen fühlt, als dass er / sie darüber erfreut ist, so sollten Sie mit Ihrem Kind darüber sprechen. Versuchen Sie ihm zu erklären, dass nicht sein Verhalten falsch ist, sondern dass es in der Gruppensituation schwierig ist, darauf einzugehen. Geben Sie ihm daher besonders in seiner Freizeit die Möglichkeit, sich kreativ auszudrücken.

Kreativ sein –
kann das jedes Kind?

Kreativität lässt sich nicht objektiv und damit unabhängig von sozialen und gesellschaftlichen Faktoren bestimmen. Es ist wichtig, die richtigen Voraussetzungen zu schaffen. Eltern sollten daher jene Faktoren kennen, die sich als einflussreich bei der individuellen Ausbildung kreativen Verhaltens erwiesen haben.

An welche Voraussetzungen ist Kreativität gebunden?

Im vorigen Kapitel wurde dargestellt, wie man Kreativität auf unterschiedlichen Ebenen betrachten kann. Dabei wurden die entstehenden Produkte der Kinder ebenso besprochen wie der Prozess, in dem die Arbeiten entstehen, sowie die Person des Kindes selber. Fördernde und hemmende Umweltbedingungen können entsprechend auf die unterschiedlichen Kreativitätsebenen getrennt einwirken. Um zu verdeutlichen, welche Aspekte für die Kreativitätsförderung bedeutsam sind und in welcher Weise diese Aspekte auf Ihr Kind und dessen Verhalten einwirken, soll diese Unterscheidung auch in diesem Kapitel beibehalten werden.

Materielle Voraussetzungen der Kreativität

Ein Mangel an Materialien kann die Kreativität besonders herausfordern.

Entgegen des in vielen anderen Bereichen üblichen Zusammenhangs wirkt sich ein Mangel an zur Verfügung stehenden Materialien und Ressourcen nicht negativ, sondern im Gegenteil oftmals eher positiv auf die Kreativität von Personen aus. Der Pädagoge v. Hentig (1998) beschreibt in seinem Essay über die Kreativität am Beispiel seiner Nichte Ragin sehr anschaulich, wie gerade der Mangel bestimmter materieller Konsumgüter dazu führen kann, eigene Ideen zu entwikkeln. Ragin malte besonders fantasievolle Bilder in die Poesiealben ihrer Mitschüler, weil sie nicht über die üblichen Glanzbilder verfügte. Mit ihrer Strategie löste sie nicht nur das Problem der Zugehörigkeit zu einer Gruppe von Gleichaltrigen, sondern erlangte darüber hinaus noch besondere Anerkennung innerhalb dieser Gruppe. Ihre kreativen und originellen Fähigkeiten wurden von den anderen bewundert und machten sie in der Gruppe beliebt. Ein anderes Beispiel sind Kinder, die in einer Umgebung extremsten Mangels leben und sich selber Spielsachen aus alten Dosen, Ästen und Abfällen basteln und dabei eine wahre Meisterschaft entwickeln. Hierbei ist entscheidend, dass die Situation des Mangels Probleme entstehen lässt, für die Lösungen gefunden werden müssen. In sehr armen Gegenden betrifft dies natürlich nicht nur die Kinder, die kein vorgefertigtes Spielzeug bekommen, sondern auch die Erwachsenen. Wenn der Weg zur nächsten Autowerkstatt zu weit ist, kein Telefon, geschweige denn ein Handy oder ein Modem zur Verfügung steht, lernt man vielleicht, eine Coladose zu einer Halterung für den Auspuff umzubauen, mit Gummiresten die zerstörte Dichtung zu ersetzen o. Ä. Das Nicht-Vorhanden-Sein einer verfügbaren, fertigen Problemlösung regt dazu an, aus dem vorhandenen Material eine Lösung zu entwickeln. Kinder, die kein Lego oder Playmobil zum Spielen erhalten, nutzen vielleicht Holzstücke und Tannenzapfen, basteln aus alten Elektrogeräten oder anderem Schrott ihr eigenes Spielzeug zusammen. Und dabei kann es auch sehr viel Spaß machen, sich einen möglichen Nutzen der gefundenen Objekte zu überlegen, eine Idee zu entwickeln und dann auch zu realisieren.

Ein Überangebot kann lähmen

Ein Überangebot an technischen und materiellen Möglichkeiten, an Geld und Geräten, kann die Ideen und selbst entwickelten Problemlösungen und somit auch die Kreativität Ihres Kindes hemmen. Warum sollte ich mich in einer Welt, die mir Tausende fertige Lösungen anbietet, dafür interessieren, mir Spielzeug selber herzustellen? Zumal die vielen möglichen Varianten, die ich im Laden angeboten bekomme, in viel perfekterer Weise gestaltet sind, als ich es je hinbekommen könnte. Die Verfügbarkeit perfekter Lösungen nimmt dem Entwickeln der Kreativität ihre Sinnhaftigkeit.

Kinder gestalten ihre Umwelt gerne. Besonders Vorschulkinder haben die Gabe, vielen Dingen eine neue Bedeutung zu geben und sie so in ihr Spiel zu integrieren. So werden auf ein Stoffkissen zwei Augen gemalt, und sofort ist es eine Puppe, die liebevoll gepflegt und versorgt wird. Im Spiel kann jeder Stock zur Puppe, zum Hund oder zum Rennauto werden und so seinen Zweck voll erfüllen. Die Schreibtischlampe kann zum Feuer werden, um das sich die Puppen versammeln. Kleine Kinder haben also viel Spaß daran, sich ihr eigenes Spielzeug zu suchen und zu gestalten. Ihre Fantasie kennt noch keine Grenzen.

Wenn Kinder über massenhaft „perfektes" Spielzeug verfügen, warum sollen sie sich dann noch die Mühe machen, selbst etwas zu erfinden?

61

Wenn Sie dieses Verhalten Ihres Kindes unterstützen, werden Sie erstaunt sein, auf welche Ideen es kommt. Zeigen Sie Ihrem Kind, dass Sie seine Fantasie schätzen und seine Lösungen bewundern. Auf diese Weise lernt Ihr Kind, seine eigenen Lösungen zu schätzen, auch wenn die perfekten, fertigen Produkte im Laden immer noch einen großen Reiz ausüben.

Das richtige Spielzeug

Wichtig ist Spielzeug, das sich in immer neuer Weise einsetzen lässt.

In diesem Sinn kann ein gewisser materieller Mangel eher als förderlich für die Entwicklung eigenständiger, kreativer Problemlösungen angesehen werden. Allerdings geht auch von unfertigen, verfügbaren Materialien ein hoher Aufforderungscharakter aus, der die Fantasie und Kreativität eines Kindes anregen kann. Daher soll hier also kein vom Spielzeug befreites Kinderzimmer propagiert werden. Vielmehr erscheint es wichtig, darauf zu achten, dass Kinder nicht zu viel Spielzeug haben, das sie selber nicht verändern können. Ein Roboter, der batteriegesteuert durch die Wohnung stapft und dabei kaum steuerbar ist, kann schlecht in ein fantasievolles Spiel einbezogen werden. Es wird Ihrem Kind schnell langweilig sein, damit zu spielen, und ein neues Spielzeug muss her. Anders sieht es mit Spielzeug aus, das Ihr Kind nach Belieben umgestalten kann, wie z. B. Legosteine, die zu immer neuen Kreationen und Spielzeugen zusammengesetzt werden können. Genauso anregend kann eine Kiste mit mindestens 100 möglichst unbemalten Holzklötzen sein, aus denen sich Burgen genauso gut bauen lassen wie ein Labyrinth, eine Autorennstrecke, ein Pferdestall usw. Gleichzeitig können die einzelnen Holzklötze als Spieltelefone, Pakete oder Waren im Kaufladen fungieren. Auch Playmobilfiguren können in vielen Spielsituationen eingesetzt werden. Die Bandbreite der Spielmöglichkeiten ist also groß. Die vielseitige Verwendbarkeit des Spielzeuges macht seinen Reiz und kreativitätsanregenden Charakter aus. Ein Spielzeug, für das es nur eine festgelegte Möglichkeit des Gebrauchs gibt, ist für das kindliche Spiel schnell wertlos. Es kann Prestigeobjekt in der Gleichaltrigengruppe sein, aber es wird die Kreativität des Kindes nicht fördern. Je weniger das Spielzeug von sich aus vorgibt, wie man es verwenden kann, also je offener die

Möglichkeiten seiner Verwendung sind, umso anregender ist es für das Kind, diesen Gegenstand in die Realisation der eigenen Fantasiewelten einzubeziehen oder sich immer neue Verwendungsmöglichkeiten auszudenken.

Vielfältige Gestaltungsanreize schaffen

Eine angereicherte Umwelt, die in hohem Maße unfertige Materialien und veränderbares Spielzeug enthält, regt die Kreativität des Kindes in besonderer Weise an. Nicht eine Umwelt der Lösungen, sondern eine der offenen Fragen wirkt sich in diesem Sinne positiv auf Ihr Kind aus. Überlassen Sie Ihrem Kind auch ausrangierte, ungefährliche Alltagsgegenstände zum Spielen. Dies können alte Küchengeräte wie ein verbogener Schneebesen oder ein alter Holzlöffel sein, aber auch unmoderne Kleidungsstücke, ein alter Hut usw. Es empfiehlt sich, eine Kiste oder ein Materialregal mit vielen kleinen Schachteln aufzustellen, in denen man ungewöhnliche Gegenstände sammelt. Ein solches Materiallager, über das Ihr Kind frei verfügen kann, regt seinen Einfallsreichtum an.

Voraussetzungen der Kreativitätsentfaltung

Neben den materiellen Bedingungen der Situationen, in denen Kreativität gezeigt werden kann, gibt es auch noch Voraussetzungen, die in der Gestaltung der Situationen verborgen sind. Denn Kreativität entwickelt sich in einem Prozess. In den Bereich der prozessualen Voraussetzungen lassen sich die Umwelt- und Gruppenbedingungen sowie die Ansätze der Erziehung zur Kreativität einordnen. Während die aktuellen Bedingungen der Situation meist vorgefunden, ansatzweise mitgestaltet und seltener bewusst gewählt werden, handelt es sich bei den erzieherischen Einflussnahmen um gezieltes pädagogisches Handeln mit dem Ziel, Kinder zu kreativen Verhaltensweisen anzuregen.

Bestimmte erzieherische Maßnahmen wirken sich förderlich auf die Kreativitätsentwicklung aus.

Kinder brauchen Reaktionen!

Als das zentrale Merkmal der kreativitätsfördernden pädagogischen Einflussnahme ist die Reaktion der Erwachsenen auf das Verhalten der Kinder zu nennen. Kinder warten auf die Reaktionen der Erwachsenen, sie gehen mit ihrem Verhalten in einen Dialog und brauchen dabei Antworten. Eltern und Erzieher sollten sich bemühen, das Kind zu ermutigen, und es darin bestärken, seine kreativen Ideen zu äußern. Ermöglichen Sie dabei Ihrem Kind, mit möglichst vielen, unterschiedlichen Objekten zu hantieren. Geben Sie ihm also – wie oben ausgeführt wurde – nicht nur die eigens zum Spielen hergestellten Dinge, sondern erlauben Sie Ihrem Kind, auch andere (ausrangierte) Alltagsgegenstände zum Spielen und Basteln zu verwenden (d. h. Haushaltsgegenstände zum Spielen, Haarbürsten zum Malen, Plastikflaschen als Instrumente usw.). Auf diese Weise wird Ihr Kind nicht nur dazu angeregt, eigene Ideen hervorzubringen, sondern es lernt auch, die Objekte der Umwelt in flexiblerer Weise zu verwenden und ihnen neue Bedeutungen zuzuschreiben. Auf diese einfache Weise lassen sich unterschiedliche Fähigkeiten trainieren, die Bestandteile des kreativen Verhaltens sind. Ihr Kind schult so ganz nebenbei die Flexibilität seines Denkens, erprobt Transferleistungen und Re-Definitionen, übt sich in der Entwicklung zahlreicher neuer Verwendungsmöglichkeiten, entdeckt seine eigene Originalität und entwickelt ein Gefühl dafür, wie man selber Probleme entdecken und lösen kann. Es erkennt spielerisch, dass sich manchmal Dinge, die gar nicht dafür gemacht sind, sehr gut für andere Zwecke verwenden lassen. So kann Omas kaputter Schneebesen eine wunderbare Grundlage für die Herstellung eines Ritterfräuleins für das Stabpuppentheater werden.

Kinder brauchen Ermutigung

Wichtig für die Entwicklung einer dauerhaften Motivation und Freude an der Entdeckung eigener Fähigkeiten und Möglichkeiten ist die Ermutigung durch Eltern und Erzieher/innen. Bemühen Sie sich, die Eigeninitiative Ihres Kindes zu fördern, indem Sie ihm ermöglichen, eigene Entdeckungen und damit Lernerfahrungen zu machen, auf die Sie ermutigend reagieren. Dabei geht es nicht darum, jede wilde Idee, die Ihr Kind hat, toll zu finden, sondern Ihrem Kind dann Bestätigung und Unterstützung anzubieten, wenn es sich ernsthaft mit einem selbst gefundenen Problem auseinander setzt oder wenn es eigene Lösungen erdenkt. Mit etwas Übung werden Sie sicher unterscheiden können, wann Ihr Kind nur seine Freude an der eigenen Fantasie auslebt und wann es Ihre Unterstützung und Ermutigung braucht.

Wissenschaftliche Studien haben gezeigt, dass besonders kreative Erzieher/innen die originellen Verhaltensweisen der Kinder unterstützen, während weniger kreative Erzieher/innen eher schultypische Leistungen fördern. Dies wird in Zusammenhang mit der Persönlichkeit des kreativen Kindes gut verständlich. Ein kreatives Kind ist oft unbequem, weil es viel fragt, vieles ausprobieren möchte und ungewöhnliche Lösungen hervorbringt, auf die Erzieher/innen nicht unbedingt angemessen reagieren können. Kreative Erzieher/innen erkennen und schätzen dieses Verhalten und vermögen so, das Kind zu bestärken und zu fördern. Weniger kreative Erzieher/innen fördern eher die angepassteren intellektuellen Fähigkeiten des Kindes, weil sie sich mit diesen besonders gut auskennen, während sie die Unkonventionalität kreativer Lösungen überfordert, stört oder angreift. Die eigenen Fähigkeiten und Einstellungen der Erzieher/innen sind damit auch Teil der Umwelt, die das kreative Verhalten des Kindes beeinflusst. Ein Kind wird so schnell spüren, ob man an seinem Ideenreichtum Freude hat oder ob es eher lästig ist, sich auf seine wilden Welten einzulassen. Die Auseinandersetzung mit den kreativen Impulsen der Kinder erfordert von den Erzieher/innen einen größeren Einsatz. Sie müssen sich nicht nur mit der Struktur der Idee beschäftigen, sondern auch ihre eigene Kreativität aktivieren. Auf unkonventionelle Fragen gibt es keine fertigen Antworten.

Um Ihrem Kind also bei der Realisation eines Teils seiner Ideen behilflich zu sein, brauchen Sie auch ein gewisses Maß an Kreativität, Einfallsreichtum und Improvisationstalent. Wenn es Ihnen Spaß macht, können Sie auch mit Ihrem Kind gemeinsam Ihre eigene Kreativität schulen. Nicht immer müssen solche Momente der Kreativitätsförderung so aufwendig sein und so viel Einsatz erfordern, wie Daniel Goleman es von der Mutter Steven Spielbergs berichtet. Diese hatte z.B. aus 30 Dosen

Kinder spüren schnell, ob ihre Ideen den Erwachsenen nur „lästig" sind oder ob sie auf Interesse stoßen.

Kirschen einen „Blutschleim" gekocht, der anschließend aus dem Küchenschrank tropfte und so Teil des Horrorfilms wurde, den ihr kleiner Sohn für einen Pfadfinderwettbewerb drehen wollte. Oftmals wird die Umsetzung der Ideen Ihrer Kinder einen geringeren Einsatz von Ihnen verlangen. Aber immer beinhalten diese Situationen der Kreativitätsförderung auch kleine Herausforderungen für das geschulte Alltagsdenken.

Gruppen können die Kreativität beeinflussen

Kinder wollen dazugehören und in der Gruppe nicht auffallen. Das kann ihre Kreativität hemmen.

Die Gesellschaft, in der wir leben, gibt uns einen Rahmen vor, in dem wir uns bewegen. Kinder lernen im Laufe ihres Lebens die Erwartungen, Werte, Möglichkeiten und Einschränkungen kennen, die damit verbunden sind. Mit ihrem Wertesystem gibt die Gesellschaft den Spielraum vor, innerhalb dessen jeder seine Möglichkeiten ausschöpfen kann. Die derzeit sehr positive Bewertung kreativer menschlicher Impulse in Pädagogik und Wirtschaft gibt günstige Bedingungen vor. Die Einführung des Computers und seines Ansatzes für formalisiertes Denken haben das Interesse an dem kreativen, individuellen Denken des Menschen gefördert.

Der übergreifende Rahmen des gesellschaftlichen Einflusses wird erst in den Gruppen, in denen man sich bewegt, wirklich spürbar. Dies kann dazu führen, dass Kinder in diesen kleinen Gruppen, in denen sie aufwachsen, hinsichtlich der Kreativität einem ganz anderen Klima ausgesetzt sind. Auch wenn die Gesellschaft Kreativität als einen eher positiven Wert schätzt, können die Bedingungen, die in Kindergarten-, Schul- oder Freizeitgruppen herrschen, ganz andere sein. Besonders in Kindergruppen, die sich ohne einen anleitenden Erzieher oder Erwachsenen zusammenfinden, entwickelt sich leicht ein hoher Konformitätsdruck, wobei die Andersartigkeit eines Kindes von den anderen sanktioniert wird. Kinder wollen dazugehören und nicht auffallen. Dieses Bedürfnis führt dazu, dass kreatives Verhalten eher unterdrückt als weiterentwickelt wird.

Der kreative Gestaltungsprozess kann durch Gruppenprozesse aber auch positiv beeinflusst werden. Es entstehen zahlreiche Wechselwirkungen durch die parallelen Aktivitäten der einzelnen Kinder. Dabei finden zahlreiche Verstärkungen des eigenen Verhaltens durch das Verhalten anderer Gruppenmitglieder, die Aktivierung durch das Tätig-Sein der anderen und deren Ideen, die Beobachtung der Vielseitigkeit des Denkens und Handelns der anderen, durch eine Ausweitung des Informationsreservoirs und der Assoziationsvielfalt, durch die emotionale Sicherheit der Gruppe und die Möglichkeiten, soziale Erfahrungen machen zu können, usw. statt. In einer solchen Situation kann die Gruppe sich förderlich auf die Kreativität des Kindes auswirken.

Kinder können sich in einer Gruppe aber auch gegenseitig fantasievoll anregen.

Allerdings ist es nicht immer positiv, wenn eine Gruppe vorhanden ist. Wie oben angedeutet wurde, können auch zahlreiche hemmende Wirkungen von einer Gruppe ausgehen. So kann z. B. ein großer Konformitätsdruck innerhalb einer Kindergruppe bestehen. Ebenso kann eine Gruppe von Aggressionen, Konflikten und Ablenkungen bestimmt werden, und es kann sogar sein, dass die Mitglieder einer Gruppe ungewöhnliches Verhalten eher sanktionieren, anstatt es positiv aufzugreifen. Es gibt Kindergruppen, in denen alle schief angesehen werden, die Spielsachen nicht so verwenden, wie es vorgesehen ist. Alles was von der „richtigen" Verwendung abweicht, erregt in einer solchen Gruppe den Ärger der anderen. Unter solchen Bedingungen wird es einem kreativen Kind keinen Spaß machen, sich mit seinen unkonventionellen Ideen einzubringen. Im günstigen Fall wird es sagen, dass es keinen Spaß mehr daran hat, in diese Gruppe zu gehen und mit den anderen Kindern zu spielen. Es wird erzählen, dass es sich eingeschränkt fühlt, weil man alles nur immer in einer Weise spielen darf. Im ungünstigen Fall jedoch wird es versuchen, sich anzupassen. So wird es eher das tun, was die anderen auch machen, nur um nicht die soziale Anerkennung und Unterstützung der anderen zu verlieren. Dabei besteht die Gefahr, dass es anfängt, seine kreativen Impulse zu unterdrücken. Mit der Zeit wird es sich daran gewöhnen und immer seltener auch in anderen Umgebungen kreative Einfälle äußern. Eine solche Umwelt ist eher schädlich für die Entwicklung eines Kindes. Es wird lernen, dass man von ihm angepasstes und wenig individuelles Verhalten verlangt und verliert so allmählich seine eigentlichen Impulse. Darüber hinaus ist zu befürchten, dass es die

Bewertungen der Gruppe übernimmt und beginnt, die eigene Kreativität abzulehnen.

> Wenn Sie Ihrem Kind einen kreativen Lebensstil und ein Erkunden der eigenen Fähigkeiten ermöglichen möchten, so tun Sie gut daran, die Gruppen sorgfältig auszuwählen, in denen Ihr Kind im Vorschulalter viel Zeit verbringt.

Schauen Sie sich die Kinderbilder an, die dort an den Wänden aufgehängt werden. Zeugen sie von individuellen Lösungen oder sind es Schablonen, die von den Kindern nur ausgemalt wurden? Oder betrachten Sie die Materialien, die in den Regalen bereitgestellt werden. Gibt es dort viele unterschiedliche, anregende Materialien oder stehen nur ein paar Buntstifte und eine Sorte Papier zur Verfügung? Es ist also sehr abhängig von der Zusammensetzung und vorherrschenden Anleitung, ob eine Gruppe eher kreativitätsfördernde oder -hemmende Wirkung auf ein Kind hat. Entsprechend ist man oft erstaunt, zu welchen tollen Lösungen kreative Erzieher/innen Kinder führen können und wie umgekehrt Kinder, die man als hoch kreativ einschätzt, innerhalb mancher Gruppen zu ganz durchschnittlichen Resultaten kommen. Diese Zusammenhänge zeigen, wie sensibel kreatives Verhalten ist. Bietet die Umwelt dem Kind keine Gelegenheit der Unterstützung an, hat das Kind nicht das Gefühl, dass seine Ideen von den anderen positiv aufgegriffen werden, so wird es viel weniger kreative Ideen äußern. Ein Kind muss spüren, dass seine originellen Ideen von anderen geschätzt werden.

Was muss ein Kind können, um kreativ zu sein?

In den ersten Kapiteln wurde bereits über die Merkmale gesprochen, durch die sich besonders kreative Kinder oftmals auszeichnen. An dieser Stelle ist jetzt die Frage berechtigt, ob diese Eigenschaften notwendige Voraussetzungen für kreatives Verhalten sind. Deshalb sollen hier noch einmal die Persönlichkeitsmerkmale aufgegriffen werden.

Es wurde bereits die „Intelligenzschwelle" beschrieben, die bei einem IQ von 120 angesiedelt wird. Eine auffällig hohe Intelligenz ist also keine Voraussetzung dafür, dass ein Kind kreatives Verhalten zeigen kann (siehe Seite 53).

In der Literatur zum Thema der Kreativität finden sich immer wieder Versuche, eine Beziehung von Genie und Wahnsinn herzustellen. Zwar konnten in unterschiedlichen wissenschaftlichen Studien höhere Ausprägungen von psychischen Irritationen bei hoch kreativen Erwachsenen nachgewiesen werden, doch traten diese Merkmale andererseits auch in Verbindung mit einer ausgeprägten psychischen Gesundheit auf. Die Kreativen als eine Personengruppe zeichnen sich also eher durch eine paradoxe Kombination von Persönlichkeitsmerkmalen aus. Diese Ergebnisse der Forschung können wir so verstehen, dass hoch kreative Kinder sensibler sind als andere und so mehr Reize aufnehmen und verarbeiten. Große Energie und starke Neugierde, eine hohe Komplexität des Denkens und eine große innere Unabhängigkeit sind dabei entscheidende Merkmale. Kreative Kinder interessieren sich sehr stark für alles Neue, sie sind oft unkonventionell und mutig. Eine Liste der Eigenschaften, die ein Kind haben muss, um kreativ sein zu können, lässt sich jedoch nicht aufstellen. Auch wenn sich gezeigt hat, dass die sehr kreativen Kinder oft auch die identifizierten Merkmale aufweisen, so sind dies keine notwendigen Voraussetzungen. Sicherlich bringen sensible, flexible Kinder, die sehr offen sind für neue Einflüsse, gute Voraussetzungen für kreatives Verhalten mit, jedoch brauchen auch sie eine Umwelt, die ihr Potenzial anregt. Genauso kann ein Kind mit anderen Eigenschaften in einer fördernden Umwelt angeregt werden, seine Fähigkeiten zu erweitern.

Ein Kind muss also keine bestimmten Eigenschaften besitzen oder erfüllen, um kreativ sein zu können. Wichtig ist, dass es Spaß daran hat, seinen eigenen Ideen nachzugehen. Eltern und Erzieher können es dabei unterstützen. Auf diese Weise fördern sie seinen Kontakt zu

Hoch kreative Kinder sind besonders sensibel und nehmen so mehr Reize von außen auf.

einer anderen Art des Problemlösens, die in der Schule im Normalfall weniger stark gefördert wird. Damit bieten sie dem Kind mehr Möglichkeiten der Auseinandersetzung mit der Umwelt an. Und schließlich wird sich jedes Kind dann selbst entscheiden, welche Form des Denkens für es selber angemessen ist. Wichtig ist es, die Wahl zu haben und nicht nur eine bevorzugte Form des Denkens kennen zu lernen.

Kreativität ist ein dynamischer Prozess

Kreativität ist ein Potenzial, dessen Entfaltung durch bestimmte Bedingungen begünstigt wird.

Sicherlich ist deutlich geworden, dass es sich bei der Kreativität um einen hoch komplexen Prozess handelt, der nicht erschöpfend beschrieben werden kann.

Am besten lässt sich Kreativität als ein dynamisches Potenzial verstehen, dessen Entwicklung durch bestimmte Bedingungen begünstigt wird. Es gibt dabei Merkmale der Umwelt, des Prozesses oder der Person, die man in diesem Zusammenhang besonders oft beobachten kann, die aber nicht unbedingt in jedem Fall vorhanden sein müssen.

Vielleicht sind Sie ein wenig von der Uneindeutigkeit der Zusammenhänge enttäuscht. Andererseits liegt gerade in dieser Uneindeutigkeit die pädagogische Chance.

Die erkennbare Abhängigkeit von Umwelt-, Gruppen- und Kulturfaktoren macht deutlich, dass Kreativität innerhalb eines individuell bestimmten Rahmens förderbar ist. Andererseits gibt es auch immer wieder Kinder, die gar nicht gefördert werden, die aber dennoch sehr außergewöhnliche, kreative Dinge hervorbringen.

Diese hoch kreativen Kinder lassen uns das Paradoxe der Kreativität wieder spüren. Man kann zwar dieser Form des Denkens und des Selbstausdrucks einen guten Nährboden bereiten, aber sie ist dennoch nicht planbar. Ein guter „Boden" garantiert keine guten Erträge, und ein schlechter „Boden" muss nicht zum völligen Verlust der Kreativität führen.

Kreative Menschen sind immer für Überraschungen gut.

Kreativität heißt sich selber fördern

Kreativität wird so zu einer Ressource für den Einzelnen. Werden Kinder zu kreativem Verhalten angeregt, können sie nicht nur ihre Sicht der Welt artikulieren, sondern auch eigene Möglichkeiten der Problembewältigung entwickeln. Entsprechend kann der kreative Prozess auch als ein Lernprozess verstanden werden, in dem ein Kind seine eigenen Stärken und Schwächen verstehen lernt. Es erkennt, was in ihm steckt, und lernt, sich aktiv für die Entwicklung und Ausdifferenzierung der eigenen Möglichkeiten einzusetzen. Der kreative Prozess wird so zu einem Geschehen, bei dem sich das Kind durch sein Interesse für bestimmte Dinge selber für etwas „begabt" macht. Es beginnt, sich auf die Suche nach eigenen Lösungen einzulassen. Dabei wird es auch zunehmend erkennen, dass eine von außen herangetragene Lösung selten so gut zu ihm passt wie eine selbst entwickelte. Kreativität, in dieser Weise verstanden, ist ein individuelles Ausdruckspotenzial, das jeder für sich entwickeln und pflegen muss. Es ist kein stabiles Persönlichkeitsmerkmal, sondern vielmehr eine innere Einstellung. Diese Einstellung ist von der Vorstellung der eigenen Entwicklungsfähigkeit geprägt.

Ein kreatives Kind entwickelt Strategien und Lösungen, die seinen Bedürfnissen genau gerecht werden.

Wenn Sie die Kreativität Ihres Kindes fördern möchten, können Sie genau an dieser Stelle ansetzen. Sie können Ihrem Kind vermitteln, dass es diese Fähigkeit besitzt und dass es selber seine Kreativität entwickeln kann, wenn es auf die Suche nach seinen eigenen Lösungen geht.

In diesem Zusammenhang ist auch das Wissen um geeignete Strategien des Lernens zu erwähnen. Kinder, die dazu angeleitet werden, Eigeninitiative beim Lernen und Erkunden zu zeigen, lernen, ihr Neugierverhalten sinnvoll einzusetzen. Später steht ihnen dieses strategische Wissen auch zur Verfügung, wenn kein Erzieher da ist, um sie anzuleiten. Solche Strategien der Wissensaneignung lernen Kinder von den Erwachsenen in ihrer Umgebung, indem sie beobachten, wie diese sich verhalten oder wie sie die Kinder zu eigenen Aktivitäten anregen. Auch diese erlernten Strategien sind wichtig für das Ausmaß an Kreativität, das ein Kind zu zeigen vermag.

Ein Beispiel für diese Aneignung äußerer Anregungen für eine ganz individuelle Lösung zeigt Linnea in ihrem Bild „Blumenfrau".

Linnea; Blumenfrau

Linnea zeigt immer wieder mit ihren Bildern, welche große Freude es ihr macht, gefundene Bilder mit eigenen zu verknüpfen. Dabei bleiben die aufgeklebten Anteile mal als eigenständige Bilder stehen, mal werden ihnen neue Bedeutungen zugewiesen (siehe der Hut im Bild). Diese Kombinierfreudigkeit ist eine besondere Stärke der kleinen Künstlerin.

Die Bereiche
der Kreativität

*Kreativität kann sich in jedem Lebenszusammen-
hang ausdrücken und hat keineswegs „nur" etwas
mit künstlerischem Gestalten zu tun. Besonders
augenscheinlich wird sie allerdings in Kunst, Kultur
und Bildern, Sprache, Wörtern und Texten, in der
Lebens- und Zukunftsgestaltung. Dabei zeigt ein Kind
schon früh sein bevorzugtes Ausdrucksmedium.*

Jedes Kind hat seinen eigenen Schwerpunkt

Jeder Mensch hat eine besondere Sensibilität für einen bestimmten Bereich. Hier drückt sich auch seine Kreativität aus.

Kreativität äußert sich in neuen Lösungen für alte, aber auch neu gefundene Probleme. Es wird also etwas Neues in die Welt gesetzt, das nicht nur überraschend und ungewöhnlich ist, sondern das auch seinen praktischen Sinn hat. Dies bedeutet, dass auch andere von der kreativen Idee ergriffen werden; dies macht die Kreativität zu einem sozialen Geschehen. Einem kreativen Kind kann es daher auch gelingen, andere Kinder oder auch Erwachsene für seine Ideen zu begeistern. Die Bereiche, in denen sich dabei das kreative Verhalten eines Kindes zeigen kann, sind sehr vielfältig.

Kreativität ist nicht auf einzelne Aspekte des Lebens beschränkt, sondern orientiert sich an den individuellen Fähigkeiten der Menschen. Wir sind nicht alle für dieselben Sinneseindrücke besonders sensibel. Jeder Mensch hat besondere Schwerpunkte und Stärken. Ein Kind mit einer starken visuellen Wahrnehmung, einer besonderen Sensibilität für optische Reize, wird sich wahrscheinlich besonders in Bildern oder plastischen Objekten ausdrücken. Es zeigt so seine Kreativität wahrscheinlich vorwiegend im künstlerischen Bereich. Ein musikalisch begabtes Kind oder eines, das besonders sensibel auf auditive Reize reagiert, wird seine Kreativität eher im musikalischen Bereich ausdrücken.

Genauso kann ein Kind auch eine besondere soziale Kreativität besitzen, die sich in einer besonderen Sensibilität für menschliche Beziehungen und die Empfindungen anderer Menschen zeigt. Oder es zeigt eine sprachliche Kreativität, die sich durch ein ausgeprägtes Sprachgefühl und eine Fähigkeit des flexiblen und ungewöhnlichen Umgangs mit Worten ausdrückt.

Auch alle anderen Bereiche des menschlichen Lebens eigenen sich für kreative Gestaltungen. Ein Kind, das sich sehr stark für Technik, Mathematik, Chemie, Physik oder Computer interessiert, kann seine Kreativität besonders in diesen Bereichen äußern. Ein anderes ist besonders kreativ bei der Gestaltung seines Lebensraumes, beim Kochen oder Backen oder beim Gärtnern. Und wieder ein anderes kann sich besonders gut durch Bewegungen und Tanz ausdrücken.

Bestehende Begabungen entdecken

Vielleicht werden Sie bemerken, dass Ihr Kind für bestimmte Reize empfänglicher ist als für andere. Tanja z.B. ist ein stilles, schüchternes Mädchen, das man nur selten sprechen hört. Doch wenn man die Kleine beobachtet, erkennt man sehr schnell, dass ihrem wachen Blick nur wenig entgeht. Sie nimmt alles über die Augen auf. So ist die Vierjährige unschlagbar bei allen Spielen, bei denen es auf eine schnelle Wahrnehmung von Formen und Farben ankommt. Sie ist eine Meisterin, wenn es um Memory geht, und kann sich genau merken, wo welche Karte aufgedeckt wurde. Tanja hat einen deutlichen Schwerpunkt in der visuellen Wahrnehmung. Sie drückt sich entsprechend auch durch besonders ungewöhnliche, fantasievolle und ausdrucksstarke Bilder aus, die von einer besonderen Kreativität und Eigenwilligkeit sprechen. Möchte man Tanja fördern, so sind besonders visuelle Impulse wichtig. Man könnte sie sofort dazu einladen, ein Spiel mit Farben zu machen, ihr neue Materialien anbieten und so ihre Kreativität herausfordern. Andererseits würde sie sicher weniger begeistert reagieren, wenn man ihr ein Sprachspiel anbieten würde. Ein solches Angebot würde sie eher verschrecken, und sie würde ihre Schüchternheit nicht überwinden können. Die Sprache ist nicht ihr bevorzugtes Ausdrucksmedium. Im Bereich der Bilder und Farben jedoch kennt sie sich aus, hier traut sie sich selber etwas zu, so dass sie sich trotz ihrer großen Schüchternheit jederzeit auf eine neue Erfahrung in diesem Bereich einlassen würde.

Beobachten Sie, in welchen Tätigkeiten Ihr Kind völlig aufgeht.

Eine solch besondere Beziehung Ihres Kindes zu bestimmten Aktivitäten oder Inhalten können Sie am besten herausfinden, wenn Sie Ihr Kind dabei beobachten, wie es auf die unterschiedlichsten Materialien reagiert. Um dies herauszufinden, brauchen Sie keine besonderen Gegenstände zu besitzen. Es reicht aus, dass Sie sich bemühen, die Reaktionen Ihres Kindes ganz unvoreingenommen zu beobachten. Beobachten Sie, wie es mit den unterschiedlichen Dingen in Ihrem Haushalt hantiert. Beachten Sie die Dinge, die bei ihm besondere Aufmerksamkeit erregen können, z.B. einkaufen gehen, einen Baumarkt besuchen oder einen Ausflug in die Natur machen. Wichtig ist nur, dass Sie auf die Reaktionen Ihres Kindes achten, ohne dass Sie gleich eine Wertung vornehmen. Manchmal entdeckt man Dinge an anderen Menschen, die man an sich selber nicht mag. Dann neigen wir dazu, sie zu verdrängen. Wenn Sie z. B. überhaupt nicht gerne gärtnern, kann Ihnen vielleicht das Interesse Ihres Kindes für Pflanzen entgehen, weil Sie einfach nicht darauf achten. Umgekehrt glauben viele Eltern, die selber als Kinder auf etwas verzichten mussten, was sie sehr gerne getan hätten, dass es ihren eigenen Kindern genauso ergehen müsste. Deshalb ermöglichen sie ihrem Kind, ein Musikinstrument zu lernen, und vielleicht entgeht ihnen dabei, dass ihr Kind sich gar nicht so sehr für Musik begeistern kann, sondern sich lieber mit dem Computer beschäftigt. Seien Sie also sehr wachsam für die Dinge, die Ihrem Kind Freude machen, egal ob Sie die gleichen Interessen haben oder nicht. Bemühen Sie sich darum, die natürlichen Neigungen Ihres Kindes ausfindig zu machen. Dies zu erkennen, ist bereits ein wesentlicher Schritt auf dem Weg der Kreativitätsförderung.

Wie Begabung und Kreativität zusammenhängen

Besondere Kreativität entfaltet man auf dem Gebiet, auf dem eine Begabung besteht.

Kein Kind kann in allen Lebensbereichen kreativ sein. Vielmehr hat jeder Mensch ein Spezialgebiet, auf dem er sich durch besondere Fähigkeiten auszeichnet. Man spricht dabei auch von Begabungen. Die oben angesprochene besondere Empfänglichkeit für ein bestimmtes Fachgebiet oder spezifische Umweltreize ist ein Hinweis auf die Art der bestehenden Begabung. Wenn Sie Ihr Kind fördern möchten, ist es hilfreich, wenn Sie wissen, auf welchem Gebiet Ihr Kind besonders ansprechbar ist, an welchen Dingen es interessiert ist. Das bestehende Talent für einen Lebens- und Ausdrucksbereich ist eine Grundvoraussetzung der Kreativität. Es gibt den Bereich mit dem größten Entwicklungspotenzial vor, weil das Kind sich in diesem Bereich eher anstrengt und interessiert als in anderen Bereichen. Auf diesem Gebiet ist es besonders neugierig und von allem angezogen, was damit in Zusammenhang steht. Andere Fähigkeiten, wie eine hohe Motivation, die Fähigkeit, viele Ideen zu entwickeln, die Freude an dem Gebiet, der Wille, sich dem Neuen zu nähern, Mut, etwas auszuprobieren und auch Fehler zu machen, aber auch die Förderungen aus der Umwelt, führen dann dazu, dass die bestehende Begabung weiter entwickelt und ausgebaut wird. Wenn ein Kind kreativ ist, dann deshalb, weil es sich für bestimmte Fragen interessiert, weil es ihm Freude bereitet, sich mit den Dingen intensiv zu beschäftigen und nicht, weil es dafür bessere Noten bekommt. Zeigt ein Kind dieses Verhalten, so spricht man von intrinsischer Motivation. Dies bedeutet, dass das Interesse für die Sache das Kind antreibt, sich weiter damit zu beschäftigen. Im entgegengesetzten Fall würde die Motivation dem Wunsch nach Anerkennung durch andere entspringen. In diesem Fall wäre die Sache als solche nebensächlich und austauschbar. Was zählt, ist das Lob eines anderen. Hierbei spricht man von extrinsischer Motivation, also einem Antrieb, der außerhalb der eigenen Person liegt.

Damit wird verständlich, dass im zweiten Fall nicht zu erwarten ist, dass ein Kind besonders kreative Lösungen hervorbringt. Es möchte sich nicht wirklich mit den Inhalten beschäftigen, sondern diese sind nur Mittel zum Zweck. Ein intrinsisch motiviertes Kind ist aber an den Inhalten interessiert. Es wird viel stärker versuchen, sich auf die Materie einzulassen.

Kreativitätsentfaltung auf der Basis der Intelligenz

Der Wissenschaftler Howard Gardner ist nicht nur für seine Forschungen zur Kreativität, sondern auch zur Intelligenz bekannt geworden. Er unterscheidet sieben primäre Intelligenzen:

1. Sprache,
2. Mathematik und Logik,
3. Musik,
4. räumliches Denken,
5. Bewegung,
6. interpersonale Intelligenz und
7. intrapersonale Intelligenz.

Helfen Sie Ihrem Kind, seine eigenen Stärken und Begabungen zu erkennen – auch wenn sie ganz abseits schulischer Leistungen liegen.

Während die ersten fünf Intelligenzbereiche wohl vertraut sind, erscheinen der sechste und siebte Bereich sehr ungewöhnlich. Die Fähigkeit, andere Menschen zu verstehen, sich in diese einzufühlen und deren Beweggründe verstehen zu können (interpersonale Intelligenz), wird demnach auch als eine spezifische Form der Intelligenz verstanden. Und genauso ist die Kenntnis der eigenen Person mit ihren Motiven, Wünschen, Bedürfnissen, Stärken und Schwächen bei Gardner ein eigener Bereich, in dem ein Mensch intelligentes Verhalten zeigen kann (intrapersonale Intelligenz). Diese Bandbreite der Möglichkeiten soll Ihnen noch einmal deutlich machen, wie vielfältig die Begabungsschwerpunkte Ihres Kindes sein können. Viel zu oft ist man auf die „gängigen" Fähigkeiten konzentriert, die wir an den schulischen Anforderungen und Leistungen festmachen. Aber menschliches Leben besteht aus einer Vielzahl von unterschiedlichen Möglichkeiten und Bereichen. Und in jedem einzelnen dieser vielen Aspekte gibt es Menschen, die über besondere Fähigkeiten verfügen. Eine unserer wichtigsten Aufgaben als Menschen besteht darin, die eigenen Stärken zu erkennen, zu entwickeln und in die Gemeinschaft einzubringen. Helfen Sie Ihrem Kind bei dieser Aufgabe, indem Sie es dabei unterstützen, seinen eigenen Weg zu gehen und den eigenen Fähigkeiten nachzuspüren.

Kreativitätsbremsen verhindern

Jedes Kind ist in irgendeinem Bereich von Natur aus kreativ. Denn jedes Kind will lernen und Neues erfahren und ausprobieren. Doch oftmals stoßen Kinder dabei schnell auf Widerstände und wenig Verständnis. Lieber sollen sie machen, was man ihnen sagt. Ihrer Kreativität kommen diese Einschränkungen gar nicht zugute.

Vom Verschwinden der Kreativität

Von den tausend Ideen des Vorschulkindes ist bei größeren Kindern oft kaum noch etwas zu finden.

Dass es eine Vielzahl von hemmenden Faktoren der Kreativität geben muss, wird deutlich, wenn man die Entwicklung von Kindern betrachtet. Vorschulkinder sind oft extrem begeisterungsfähig und sprudeln nur so vor originellen Ideen, wenn man sie experimentieren lässt. Sie interessieren sich für viele Dinge in ihrer Umwelt, sind neugierig und dem Neuen gegenüber höchst aufgeschlossen. Sie wollen lernen und bringen eine hohe Motivation auf. Diese Motivation ist oftmals intrinsisch (siehe Seite 77) und von Begeisterung begleitet. Die Kleinen haben eine unglaubliche Freude daran, sich der eigenen Fantasie hinzugeben und neue Dinge zu erfinden. Dieser Wunsch, Neues zu erfahren und zu lernen, setzt sich in vielen Fällen auch noch in den ersten Jahren der Grundschulzeit fort, doch bemerkt man schon hier bei vielen Kindern ein Abflauen der Lust auf Neues. Gänzlich versiegt ist diese Motivation in vielen Fällen auf den weiterführenden Schulen. Und auch die ursprüngliche Kreativität des Kleinkindes findet hier kaum noch eine Entsprechung. Was also geschieht mit unseren Kindern in diesen Jahren?

Kinder brauchen Freiräume

Da jedes Kind seine eigenen Interessen hat, braucht es Raum und Entfaltungsmöglichkeiten, diesen auch nachgehen zu können.

Das heutige Leben der Kinder spielt sich sehr viel in „pädagogischen Situationen" ab. Sie werden von Erwachsenen beaufsichtigt und angeleitet. Natürlich werden sie hier gefördert und angeregt, aber es geht auch etwas verloren, was für die Ausbildung von Kreativität wichtig ist. Die natürlichen Impulse der Entdeckerlust müssen von den Kindern unterdrückt werden.

Im vorhergehenden Kapitel wurden die zahlreichen Bereiche der individuellen Neigungen und Begabungen beschrieben. Die Konsequenz ist ja nichts anderes, als dass sich jedes Kind für unterschiedliche Dinge interessiert und begeistert. Doch in der Schule lernen alle Kinder dieselben Unterrichtsinhalte. Sie bekommen ähnliche Reize und beschäftigen sich mit bestimmten, vom Lehrer ausgewählten Themen. Diese Auseinandersetzung ist nützlich, weil sie das Kind mit zahlreichen neuen Inhalten in Kontakt bringt, ihm Anregungen und Impulse vermittelt und dem Wissensaufbau dient. Verbringt das Kind jedoch anschließend auch den größeren Teil seiner Freizeit im Rahmen von angeleiteten Situationen, so befindet es sich unter ständiger Beobachtung von Erwachsenen.

Die eigene Neugierde bleibt oft unterdrückt, besonders, wenn die Impulse, die ein Kind verspürt, nicht in den Rahmen der Situation passen. Vielleicht interessiert sich das Kind besonders für Schiffe und möchte gerne die unterschiedlichen Schwimmeigenschaften der Papier- und Holzschiffchen, die es gebaut hat, in einem Fluss testen. Es muss aber in den Gemeinschaftsräumen bleiben und sich mit dem Waschbecken begnügen. Dies macht natürlich keinen Spaß, so dass es schnell die Lust an seinem eigentlichen Interesse verliert.

> Kinder brauchen Freiräume, um sich entfalten zu können. Sie brauchen die Erfahrung, unbeaufsichtigt zu sein, um eigenen Impulsen nachhängen zu können, um Risikobereitschaft zu erlernen und auch um die eigene Kreativität entdecken zu können.

Diese Beschränkung in vielen Bereichen ist ein Dilemma unserer zivilisierten Umwelt, die elementare Erfahrungen, wie z. B. einen Bach zu stauen, im Matsch zu formen, Tiere zu beobachten, den Kindern nicht mehr ermöglicht.

Auf keinen Fall sollte man Kinder mit Rollenzuschreibungen einengen.

Auch übertriebene Festlegungen wirken sich negativ auf die Kreativität aus. Wenn klare Vorstellungen darüber existieren, was Mädchen machen oder was Jungen machen, schränkt dies die Ausdrucksmöglichkeiten des Kindes ein. Kinder haben eine Scheu davor, als anders geartet aufzufallen, wenn sie erkennen, dass es feste soziale Regeln in ihrer Umwelt gibt. Sie werden versuchen, sich den Regeln anzupassen und so weniger auf die eigenen Impulse achten. Die Kreativität bleibt dabei leicht auf der Strecke.

Kinder brauchen Zeit

Die Zeit vergessen und in der Sache aufgehen – dabei entfaltet sich Kreativität.

Kreativität kann sich nur unter Bedingungen einer fehlenden zeitlichen Begrenzung entwickeln. Zeitdruck tötet die Kreativität ab, genauso wie jede andere Form von Druck auch. Man kann nicht unter Zwang kreativ sein.

Wenn sich Ihr Kind für eine bestimmte Sache ganz besonders interessiert, so werden Sie vielleicht schon bemerkt haben, dass es dabei regelmäßig die Zeit vergisst. Vielleicht haben Sie schon viermal zum Essen gerufen und außer einer leicht genervten Antwort nichts weiter von Ihrem Kind gehört. Dies zeigt an, dass Ihr Kind gerade ganz vertieft ist in eine Tätigkeit und sich nicht von ihr zu lösen vermag. Seine ganze Aufmerksamkeit und Konzentration sind auf diese Tätigkeit gerichtet. Die Zeit spielt keine Rolle mehr, sie wird nicht mehr wahrgenommen. Kreativität kann sich besonders in solchen zeitlosen Momenten entfalten, in denen das Kind ganz in eine Sache versunken ist – wie z. B. der achtjährige Marius. Er spielt im Wartezimmer eines Arztes mit Bauklötzen. Höchst konzentriert stellt er die Holzklötze auf dem Spieltisch auf und legt sie wieder um, wobei er ein bestimmtes System zu verfolgen scheint. Er ist völlig vertieft und registriert kaum, dass die von ihrer Behandlung zurückkehrende Mutter ihn zum Gehen auffordert. Er antwortet wiederholt auf ihr Rufen mit „warte". Erst nach der wiederholten Androhung, ihn allein zurückzulassen, löst sich Marius von seinem Spiel und folgt der Mutter, die bereits vorausgegangen ist, aus der Praxis.

Kinder haben einen anderen Rhythmus als Erwachsene – sie brauchen Zeit.

Das Leben mit Erwachsenen ist für Kinder oft sehr anstrengend, weil diese nach ganz anderen Rhythmen leben als sie selber. Erwachsene haben immer etwas vor; sie haben wenig Zeit und hetzen nicht selten von einem Ort und einer Aufgabe zur nächsten. Kinder haben einen anderen Rhythmus. Wenn sie von Dingen fasziniert sind, so können sie sich in diese vertiefen, ohne die Zeit zu beachten. Leider werden sie dann oft von den Erwachsenen unterbrochen und aus ihrer Konzentration herausgerissen. Es ist verständlich, dass es ihnen auf diese Weise nicht gelingen kann, sich so intensiv, wie sie es eigentlich wünschen, mit den Dingen, die sie faszinieren, zu beschäftigen. Sie können keinen eigenen Abschluss finden, sondern müssen aufhören, weil die Erwachsenen es sagen, weil die Erwachsenen warten oder weil ein anderer Termin unaufschiebbar ist. Insbesondere in den heutigen Zeiten, in denen auch schon kleine Kinder volle Terminkalender haben, sind solche Erlebnisse zum Alltag geworden. Und diese abrupten Beendigungen von Zuständen besonderer Konzentration können auf Dauer frustrierend auf Kinder wirken. Im Extremfall verlieren sie die Lust, sich überhaupt auf Dinge einzulassen, um den ärgerlichen Abbruch zu vermeiden.

> Wenn Sie sich darum bemühen, die Kreativität Ihres Kindes zu fördern, denken Sie immer auch daran, dass die Entfaltung und Ausgestaltung von Ideen Zeit braucht. Schaffen Sie Zeiträume für Ihr Kind, die zumindest zeitweise eine intensive, ungestörte Beschäftigung erlauben, ohne dass eine zu schnelle Unterbrechung droht.

Kinder brauchen Entscheidungsräume

Nicht nur den Zeitpunkt, sondern auch die Inhalte vieler Beschäftigungen geben Eltern ihren Kindern oft vor. Damit aber ein Kind seine eigenen Fähigkeiten entdecken kann, braucht es viele verschiedene Möglichkeiten der Beschäftigung. Doch anstatt ihm eine möglichst große Auswahl anzubieten und es dabei zu unterstützen, das herauszufinden, was ihm besonderen Spaß macht, schreiben Eltern ihren Kindern vor, mit was sie sich beschäftigen sollen. Dies geschieht meist mit den besten pädagogischen Absichten, aber auch diese schützen nicht davor, dass die Interessen eines Kindes unbeachtet bleiben. Aus diesem Grund brauchen Kinder Möglichkeiten, sich selber Inhalte auszuwählen; und sie müssen bei deren Aneignung Unterstützung erfahren, wenn sie es wünschen, und nicht, wenn Eltern glauben, dass sie Hilfe brauchen. Erwachsene müssen lernen, sich etwas zurückzu-

Kinder müssen selbst herausfinden, welche Beschäftigungen ihnen am meisten Spaß machen.

nehmen, und sich viel stärker durch die Interessen und Impulse der Kinder leiten lassen. Auf diese Weise können sie ihre Kinder fördern, ohne sie zu entmutigen und zu bevormunden.

Gehen Sie auf die Themen ein, die Ihr Kind immer wieder beschäftigen.

Beobachten Sie Ihr Kind daher genau, um erfahren zu können, welche Interessen es hat. Ist Ihr Kind vielleicht besonders fasziniert von dem abendlichen Sternenhimmel, stellt es viele Fragen dazu, z. B. wer die Sterne dort aufgehängt hat, oder warum sie leuchten, wo die Sterne sind, wenn es Tag ist, dann versuchen Sie doch mal, einen Ausflug zu einer Sternwarte mit ihm zu unternehmen. Oder Sie schenken ihm ein Buch zu dem Thema oder eine Karte, auf der die Sterne eingezeichnet sind. Versuchen Sie einfach, auf die Themen, die Ihr Kind längerfristig oder immer wieder beschäftigen, besonders einzugehen. Achten Sie auf solche speziellen Interessen und Fragen, die Ihr Kind Ihnen immer wieder stellt. Seien Sie dabei nicht entmutigt, wenn sich die kindlichen Hauptinteressen öfter einmal verändern. Kinder sind noch auf der Suche nach dem Bereich, der sie am meisten fesseln kann. Nicht immer finden sie ihr Ziel schnell und mühelos. Durch Ihre Unterstützung wird Ihr Kind seine Interessen auch ernster nehmen. Dies hilft ihm dabei zu erkennen, wo seine Schwerpunkte liegen. Dadurch, dass Sie ihm vielfältige Erfahrungsmöglichkeiten anbieten, kann es sich in vielem ausprobieren. Deshalb sollten Sie auch vermeiden, es zu früh auf ein Interesse festzulegen. Auch wenn Ihr vierjähriges Kind unbedingt Klavierspielen will, heißt das nicht, dass sich dieses Interesse hält. Kaufen Sie daher nicht gleich ein Klavier und geben ihm Unterricht. Dies kann schnell dazu führen, dass das Instrument zu einem Zwang wird. Vielleicht sind Sie enttäuscht, wenn Ihr Kind das Interesse wieder verliert und schicken es weiter zum Unterricht, weil das Klavier nun einmal da ist und auch sehr teuer war. Es gibt andere unverbindlichere Möglichkeiten, bei denen ein Kind ein solches Interesse erkunden kann. Zum Beispiel bieten viele Musikschulen Kurse für eine musikalische Früherziehung an. Melden Sie Ihr Kind lieber erst einmal zu einem solchen Kurs an. Dort kann es viele Instrumente kennen lernen und auch erfahren, dass es mit viel Üben verbunden ist, ein Instrument zu spielen. Wenn seine Begeisterung nicht erlahmt, sondern bestehen bleibt, können Sie über Einzelunterricht nachdenken. Und auch hier empfiehlt es sich, das Instrument zunächst auszuleihen. Auf diese Weise kann Ihr Kind leichter aussteigen, und Sie ärgern sich weniger, wenn es nach einem halben Jahr aufgeben möchte. Das Ziel einer solchen frühen Förderung besteht nicht darin, dass das Kind schon Noten lernen oder Schulwissen erarbeiten soll, sondern dass es unterschiedliche Erfahrungen macht, dabei Spaß hat und sich auf diese Weise ausprobieren kann.

Kinder brauchen Aufmerksamkeit

Die Reaktionen der Erwachsenen auf die eigenen Aktivitäten sind sehr wichtig für Kinder. Allerdings kann auch hier einiges verkehrt gemacht werden und den Kindern die Freude an der eigenen Kreativität nehmen. Bewertungs- und Benotungssysteme wirken sich sehr negativ auf die Kreativität aus. Kinder werden versuchen, positive Bewertungen zu bekommen und so die intrinsische Motivation verlieren. Sie werden sich mit Dingen beschäftigen, von denen sie wissen, dass die Erwachsenen sie schätzen, und sie werden die eigenen Impulse vernachlässigen, besonders wenn die Erwachsenen zeigen, dass sie dieses Tun nicht gerne sehen oder das kindliche Schaffen als uninteressant bewerten. In der gleichen Weise verhindern übermäßige Belohnungen oder Lob das intrinsische Vergnügen der Kinder. Sie wiederholen dann Tätigkeiten, nur weil diese den Erwachsenen scheinbar Freude bereiten. Das eigene Interesse und der eigene Entdeckergeist gehen dabei verloren.

Mit Bewertungen kindlicher Schaffensprodukte sollte man sehr vorsichtig sein, in jedem Fall aber echtes Interesse zeigen.

Trotzdem brauchen Kinder natürlich Aufmerksamkeit. Wenn ein Kind z. B. ein Bild gemalt hat und es Ihnen zeigt, möchte es eine Reaktion hören. Nicht selten sagen Erwachsene dann schnell: „Oh, wie schön!" – ohne auch nur wirklich hingesehen zu haben. Auf die Dauer wirkt eine solche Reaktion frustrierend auf ein Kind, und dies kann dazu führen, dass es die Lust am Malen verliert. Deshalb sollten Sie solche stereotypen Aussagen vermeiden. Ein permanentes Lob entwertet schnell und wirkt auf Ihr Kind auch unglaubwürdig. Eine flüchtige Reaktion kann dazu führen, dass auch Ihr Kind sich immer flüchtiger mit seinen Bildern beschäftigt und sehr schnell mit seinen Ergebnissen zufrieden ist und sich Ihr Lob abholt.

Linnea;
Prinzessin

Dabei weiß ein Kind genau, dass seine Bilder nicht immer toll sind. Es ist selber manchmal sehr stolz und manchmal eher unzufrieden mit seinen Arbeiten. Achten Sie daher darauf, wie sich Ihr Kind fühlt, wenn es mit einem Bild ankommt. Reagieren Sie nicht in der immer gleichen Weise, sondern betrachten Sie das Bild eingehend. Schon dies ist eine besondere Wertschätzung für Ihr Kind. Sie müssen dann gar nicht immer etwas dazu sagen. Wenn Sie auf das Bild eingehen und Ihrem Kind Bestätigung geben möchten, suchen Sie nach den Besonderheiten des Bildes und teilen Sie Ihre Beobachtungen Ihrem Kind mit.

Nehmen wir als Beispiel das Bild der vierjährigen Linnea. Seit einiger Zeit malt sie sich gerne als Prinzessin. Fast täglich entstehen neue Prinzessinnen-Bilder, so dass es leicht passieren könnte, dass man bei dem 15. Bild dieser Art nur noch sagt: „Ja toll!" Aber jedes Bild hat auch seine Besonderheit. So ist auf dem Bild auf Seite 86 eine neue kreative Idee eingebaut, die dem flüchtigen Betrachter schnell entgehen könnte. Vier der bunten Streifen des Prinzessinnenrockes wurden von Linnea durch bunte Papierröllchen ersetzt, die sie aus Bonbonpapier formte. Diese Idee hebt das Bild von anderen ab. Wenn man Linnea nun Anerkennung mitteilen möchte, könnte man auf eines dieser Details eingehen. Man könnte sagen: „Oh, du hast versucht, den Rock noch mit den Glanzpapierröllchen zu verzieren! Das sieht ja sehr interessant aus!" Auf diese Weise erfährt Linnea, dass ihr Bild aufmerksam betrachtet wird und ihre Fortschritte interessiert wahrgenommen werden.

Es freut Kinder sehr, wenn man Details in ihren Bildern bemerkt, mit denen sie sich selber intensiv beschäftigt haben oder auf die sie sehr stolz sind. Manchmal erkennen Erwachsene diese Details nicht sofort, aber viele Kinder weisen auch stumm mit dem Finger auf bestimmte Stellen im Bild. Diese Stellen sind ihnen dann besonders wichtig, und man tut gut daran, sie besonders zu beachten.

Kinder machen sich mit Dingen vertraut, indem sie sie oft wiederholen, und sie probieren auch neue Möglichkeiten aus, indem sie sich immer wieder mit einem Thema beschäftigen. Linnea interessiert sich gerade für Prinzessinnen, und sie erprobt anhand dieses Motivs ihre Darstellungsmöglichkeiten. Hierbei hat sie jetzt für sich eine Mög-

Auch wenn Kinder scheinbar immer wieder dasselbe malen, so lohnt sich doch ein genauer Blick: In Nuancen zeigt sich immer eine Weiterentwicklung.

Kinder machen sich mit Dingen vertraut, indem sie sie immer wieder thematisieren.

lichkeit entdeckt, wie das Kleid der feinen Dame noch viel kostbarer aussehen kann, indem sie es mit zusätzlichem Schmuck verziert. Die häufigen Wiederholungen eines Themas stärken auch ihr Selbstbewusstsein. Sie erlebt sich als zunehmend kompetenter bei der Gestaltung ihrer Prinzessinnen. Linnea weiß, dass es ihr gelingen wird, eine Prinzessin zu zeichnen. Diese Überzeugung gibt ihr die Möglichkeit, sich auch an neue, schwierigere Aufgaben heranzuwagen, wie z. B. die Darstellung der Bewegung des Rockes. Für solche neuen Darstellungsweisen bevorzugt sie das vertraute Motiv, weil sie sich dabei zum einen sicher fühlt und zum anderen die Freiheit zum Experimentieren verspürt. Die Aufnahme dieser neuen Idee zeigt sich in einem anderen Bild der Prinzessinnen-Serie der kleinen Linnea (siehe unten).

Linnea; Prinzessinnen

Variationen eines Themas

Dieses Bild ist noch in anderer Hinsicht hoch interessant. Linnea stellt hier der Prinzessin mit dem ersten wallenden Kleid, das sie gemalt hat, eine „herkömmliche" Prinzessin an die Seite. Sie hat sich also, als sie dabei war, etwas Neues auszuprobieren, auch ihrer Fähigkeit versichert, „normale" Prinzessinnen malen zu können.

Die Prinzessin mit dem innovativ gestalteten Kleid, bei dem die Bewegung des Stoffes aufgegriffen wurde, ist deutlich größer als die „konventionelle".

Eine solche Darstellungsweise ist typisch für Kinder. Die Größenverhältnisse in den Bildern entsprechen viel stärker dem Interesse, das Kinder an den dargestellten Dingen haben, als den realen Größenverhältnissen. Linnea hat die Entdeckung, dass sich der Stoff des Kleides wellenförmig bewegt, gerade erst gemacht. Es ist ihr erster Versuch, diese Bewegung darzustellen. Dies erklärt die besondere Bedeutung dieses Details und damit auch der rechten Prinzessin. Die andere ist wie eine vertraute Begleiterin, die einem hilft, in ein neues Gebiet vorzustoßen. Entsprechend ist sie kleiner und weniger wichtig.

Dieses Beispiel macht auch deutlich, dass kreatives Verhalten nicht nur einfach etwas Ungewöhnliches hervorbringt, sondern dass es sich dabei immer auch um eine Auswertung und Verarbeitung von Bekanntem handelt.

> Die kreative Produktion entsteht nicht aus dem Nichts heraus, sondern ist an einen Prozess der Auseinandersetzung mit der sozialen Umwelt, der Kultur und auch der Gesellschaft, in der ein Kind aufwächst, gebunden. In diesem Sinne können wir Kreativität als das verstehen, was das Denken beweglich hält und verhindert, dass man sich in einmal entstandenen Strukturen verfestigt.

Kreativität entwickelt sich immer in der Auseinandersetzung mit dem bereits Bekannten und entwickelt dieses fort.

Linnea bleibt nicht bei ihrem einmal entwickelten Modell der Prinzessinnendarstellung stehen, sondern entwickelt in der Auseinandersetzung mit der Umwelt immer wieder neue Aspekte und Ansätze der Darstellung.

Kinder wollen ernst genommen werden

Ein Gespräch über sein Bild gibt dem Kind das Gefühl, dass sein Bemühen wert geschätzt wird – viel mehr als ein pauschales Lob.

Manchmal sind Innovationen der Kinder leicht zu übersehen, so wie z. B. bei der zweijährigen Raja. Die Kleine produziert täglich zahllose Kritzelbilder, in denen sie immer wieder neu Farbflecken über das Blatt verteilt.

Raja; Kritzelbild

Im Kindergarten hat Raja beobachtet, dass die Erwachsenen die Bilder der Kinder beschriften. So hat Raja bei diesem Bild begonnen, ebenfalls zu signieren. Sie hat ganz klein in der rechten unteren Ecke ihr Zeichen hingesetzt. Dieser kleine Kritzler mag wie ein Ausrutscher wirken. Aber es ist der Beginn von Rajas Bewusstsein ihrer Autorenschaft. Seit dieser Entdeckung versieht sie alle ihre Bilder mit ihrem Zeichen.

Wenn man solche oder ähnliche Neuerungen in den Bildern der Kinder bemerkt, sollten diese anerkennend angesprochen werden.

Man sollte nicht einfach nur ein globales Lob aussprechen. Wenn Sie sich für Details interessieren, so fühlt sich Ihr Kind ernst genommen. Es spürt, dass Sie sich für seine Ausdrucksmöglichkeiten interessieren, und wird sich deshalb auch weiterhin mit seinen Möglichkeiten auseinander setzen. Es wird zu dem wichtigsten Element der Kreativität angeregt, nämlich einen Ausdruck gemäß der eigenen Ansprüche zu perfektionieren. Ihr Interesse macht Ihrem Kind deutlich, dass Sie nicht alles besser wissen und entscheiden können, ob etwas gut oder schlecht ist. Es erfährt, dass es seinen eigenen Ansprüchen genügen muss und Sie als Eltern es auf seinem eigenen Weg der Entdeckungen begleiten. Freuen Sie sich mit Ihrem Kind über dessen Einfälle und sagen Sie nicht zu einem lieblos hingeschmierten Bild, dass es ganz toll sei. Ihr Kind fühlt sich sonst nicht ernst genommen! Sie können in einem solchen Fall ruhig einmal sagen: „Na, da hast du aber besonders schnell fertig werden wollen, oder?" Indem Sie genau beobachten und die Besonderheiten des jeweiligen Bildes herausstellen, schärfen Sie auch die Wahrnehmung Ihres Kindes und seine Sensibilität für Details. Wenn es bemerkt, dass Sie sich auch für Kleinigkeiten interessieren können, diese nicht nur wahrnehmen, sondern auch ansprechen, so wird es auch selber sorgfältiger mit seinen Bildern sein, über mehr Details beim Gestalten nachdenken sowie aufmerksamer die Details in den Bildern anderer beachten.

Kinder brauchen Sicherheit

Damit ein Kind sich kreativ verhalten kann, braucht es ein Gefühl der Sicherheit. Bei einer starken Betonung des Wettbewerbs zwischen den Kindern haben diese große Angst vor Strafen, Blamagen, Fehlern und Versagen. Sie werden also versuchen, sich möglichst angepasst und erwartungsgemäß zu verhalten, um sich akzeptiert zu fühlen. Doch damit hemmt ein Kind seine Kreativität. Stärken Sie Ihr Kind: Bekräftigen Sie die Dinge, die es besonders gut kann, anstatt die Dinge herauszukehren, die es weniger gut kann, vor allem nicht im Vergleich zu anderen Kindern.

Vermitteln Sie Ihrem Kind Vertrauen in seine Fähigkeiten, anstatt es an anderen zu messen.

91

Genauso negativ wie Konkurrenzdruck wirken sich viele Verbote und Regeln auf Ihr Kind aus. Ihr Kind bekommt so den Eindruck, dass seine Neugierde und seine Eigeninitiative bestraft werden, was nicht dazu führen wird, dass es versucht, sich kreativ zu verhalten. Es wird sich anpassen. Ein starker Konformitätsdruck kann auch von den Gleichaltrigen ausgehen, und auch hier können Kinder Angst bekommen, aus dem Rahmen zu fallen, nicht mehr akzeptiert zu werden und ausgeschlossen zu werden, wenn sie kreatives Verhalten zeigen. Auch dann werden Kinder versuchen, sich eher so zu verhalten, wie es auch die anderen Kinder tun, um nicht abgelehnt zu werden.

Kreativität fällt nicht vom Himmel

Kreative Leistung lässt sich nicht willentlich herbei-
führen, und man kann niemanden dazu erziehen,
kreative Ideen zu entwickeln, genauso wenig wie
man auf Befehl und unter Druck kreativ sein kann.
Aber wie kann bei solchen Voraussetzungen eine
Förderung von Kreativität dennoch gelingen?

Günstige Bedingungen schaffen

Die Umwelt übt einen starken Einfluss auf die Entwicklung eines Menschen aus.

Genforschung erfreut sich zurzeit großer Beliebtheit in der öffentlichen Diskussion. Dieses neu entfachte Interesse ist den Fortschritten des internationalen Genom-Projektes zu verdanken. An die dabei zugrunde liegende Entschlüsselung des menschlichen Erbgutes und die Analyse der einzelnen Gene sind zahlreiche Hoffnungen, Spekulationen und Befürchtungen geknüpft. Spürbare aktuelle Konsequenz ist, dass das menschliche Erbgut wieder verstärkt in das Blickfeld der Wissenschaft rückt und damit auch häufiger zu Erklärungsversuchen herangezogen wird. Ungeachtet dieser aktuellen Entwicklungen können wir heute aber davon ausgehen, dass Kinder nicht allein durch ihre Gene in ihrem Verhalten festgelegt werden. Erfahrungen mit der Umwelt, Anregungen, Entfaltungsmöglichkeiten, Verstärkungen und positive Vorbilder sind von entscheidender Bedeutung für die Entwicklung eines Kindes. Vielen wird diese „Kraft" der Umwelt bewusst werden, wenn sie an ihre eigene Schulkarriere zurückdenken. Oftmals war die Begeisterung für ein bestimmtes Fach davon getragen, dass man den Lehrer besonders mochte, sich von ihm besonders motivieren lassen konnte und bei diesem mit Freude lernte. Entsprechend hat einem auch das Fach, das dieser Lehrer unterrichtete, mehr Spaß gemacht als andere Fächer, und man hat sich kompetenter und somit auch „begabter" für dieses Fach wahrgenommen. Nicht selten bilden solche Vorlieben die Entscheidungsgrundlage für die spätere Wahl einer Ausbildung oder eines Studienfaches. Ähnliche Beispiele berichten zahlreiche Schüler, und sie zeigen an, welch starken Einfluss die Umwelt auf die Entwicklung eines Menschen nehmen kann.

Förderung bedeutet, ein Kind in die Lage zu versetzen, sein individuelles Potenzial voll auszuschöpfen.

Zwar lässt sich die wirklich kreative Leistung nicht fördern, jedoch all jene Fähigkeiten und Kompetenzen, die einer kreativen Idee vorausgehen. Sie können somit günstige Bedingungen schaffen, die es Ihrem Kind erlauben, seine Kreativität zu entdecken und zu entfalten. Stellen Sie sich die Kreativitätsförderung so vor, als zögen Sie eine Blütenpflanze groß. Sie bereiten ihr einen Nährboden, gießen sie, stellen sie ins Licht, schützen sie vor Kälte, Frost und Krankheiten. Vielleicht düngen Sie sie hin und wieder und topfen sie auch um. All diese Maßnahmen können Sie mehr oder weniger intensiv durchführen. Eines können Sie jedoch nicht: Ihrer Pflanze beim Blühen helfen. Das tut sie bei guter Pflege von ganz alleine. Je besser die Entwicklungsbedingungen an die Bedürfnisse Ihrer Pflanze angepasst sind, umso besser wird sie gedeihen und umso üppiger wird sie entsprechend ihrer Möglichkeiten blühen. Hierbei ist auch klar, dass eine Blume, die rote Blüten hervorbringt, auch bei der allerbesten Pflege keine gelben hervorbringen kann.

Mit der Kreativität verhält es sich ganz ähnlich. Sie ist wie eine Pflanze, die üppige Blüten hervorbringen kann, wenn man sich um sie bemüht und sie hegt und pflegt. Aber auch hier ist selbst die allerbeste Förderung keine Garantie dafür, dass ein Kind eine außergewöhnliche Kreativität hervorbringen wird. Förderung bedeutet in diesem Falle, das Kind in die Lage zu versetzen, sein individuelles Potenzial voll auszuschöpfen.

Die natürliche Neugier unterstützen

Kleine Kinder sind voller Ideen und Einfälle, sind neugierig und an ihrer Umwelt interessiert. Sie sind in ihrer Aufmerksamkeit noch nicht so festgelegt, lassen sich von den unterschiedlichsten Reizen ansprechen. Erwachsene dagegen haben eine viel eingeschränktere Aufmerksamkeit. Sie haben bereits genaue Vorstellungen und zahlreiche Normen darüber entwickelt, ob es sich lohnt, sich einer Sache zuzuwenden oder nicht. Sie haben dies gelernt, um im Alltag zu funktionieren, und haben dabei die kindliche Umweltoffenheit verloren.

Wenn Sie mit Kindern spazieren gehen, haben Sie vielleicht schon einmal bemerkt, dass die Kleinen die unmöglichsten Dinge entdecken. Kinder interessieren sich für Kronkorken, das Gerippe eines alten Regenschirms, einen vermoderten alten Schuh u. Ä. Sie selber dagegen gehen einfach vorbei, weil Sie diese Dinge bereits als uninteressanten Müll eingeordnet haben, bevor Ihnen bewusst wurde, welcher Gegenstand es überhaupt war. Aber gerade eine solche Ansprechbarkeit für Eindrücke, ohne diese schon sehr frühzeitig zu bewerten, zeich-

Lernen Sie selbst wieder, die kleinen Dinge des Alltags bewusst wahrzunehmen.

net den kreativen Menschen aus. Wenn Sie die Kreativität Ihres Kindes fördern möchten, können Sie sich zunächst einmal bemühen, aktiv an den Erkundungs- und Weltaneignungsprozessen Ihres Kindes teilzunehmen. Dadurch motivieren Sie Ihr Kind bereits, sich Lernanstößen zuzuwenden. Gleichzeitig können Sie beginnen, selber wieder zu lernen, sich über kleine Dinge des Alltags zu wundern.

Mit offenen Kinderaugen schauen

Bemühen Sie sich einfach einmal am Tag, auch wieder mit Kinderaugen in die Welt zu schauen.

Seien Sie offen für die Erfahrungen, die uns unsere Umwelt täglich ermöglicht. Kleine Kinder haben diese Fähigkeit natürlicherweise, weil ihnen die Welt oft rätselhaft und unbekannt erscheint. Sie bleiben nicht selten staunend stehen, wenn man mit ihnen durch die Stadt geht, und sehen interessiert zu, wenn ein Haus abgerissen wird, wenn Waren aus einem Transporter ausgeladen werden, wenn die Leuchtreklame eines Geschäfts repariert wird, wenn sie das erste Mal bewusst erleben, wie die bunten Blätter von den Bäumen fallen, wenn die Straßenbeleuchtung erneuert wird oder wenn die Litfasssäule neu beklebt wird. Uns ist es oft lästig, dass die Kinder stehen bleiben, weil wir es eilig haben. Außerdem finden wir das, was unsere Kinder fasziniert, nicht so bedeutsam, um deshalb stehen bleiben zu müssen.

Versuchen Sie, die Welt mit den Augen Ihres Kindes zu sehen. Stellen Sie sich dann einen Moment neben Ihr Kind, und lassen Sie sich ehrlich auf die Fragen ein, die Ihr Kind Ihnen stellt. Oftmals haben wir auf diese Fragen keine Antworten, und sie erscheinen uns lästig und banal. Aber die Fragen der Kinder sind keineswegs unwichtig. Wir haben uns daran gewöhnt, solche Fragen nicht mehr zu stellen, wir nehmen die Welt so hin, wie wir sie wahrnehmen. Aber wissen wir, warum die Zitronen gelb sind, warum manche Blumen rot und andere violett sind, warum Glas so langsam fließt, dass wir Scheiben daraus machen können, warum es so viele Sprachen auf der Welt gibt, warum Flugzeuge nicht vom Himmel fallen, warum manche Menschen so traurig aussehen usw.? Nehmen Sie sich täglich nur einen kurzen Moment Zeit, um die Welt einmal anders zu betrachten. Sie werden sehen, dass es Ihnen nicht nur Spaß machen kann, sondern dass auch Ihr Kind Freude daran finden wird.

Staunen bereichert das Leben

Versuchen Sie jeden Tag, Ihr Kind einmal in Erstaunen zu versetzen oder mit ihm gemeinsam zu staunen. Uns begegnen oft merkwürdige Dinge. Ihr Kind hat für die kleinen Ungereimtheiten des Alltags sicher noch ein größeres Gespür; lassen Sie sich deshalb von Ihrem Kind mit auf diese Reise nehmen. Aber Sie können Ihr Kind auch in Erstaunen versetzen, indem Sie mal etwas anders machen als normal. Dies können Kleinigkeiten sein, denn Sie sollten sich nicht so anders verhalten, dass es Ihr Kind beängstigen könnte. Ziehen Sie einfach mal Ihr Hemd falsch herum an, wenn Sie mit Ihrem Kind zu Hause sind oder reden Sie in Reimen oder singen Sie alles, was Sie sagen. Sie können auch Papagei spielen oder sich etwas anderes ausdenken, womit Sie Ihr Kind überraschen können. Versuchen Sie einfach, jeden Tag für einen Moment die Routine zu durchbrechen. Vielleicht fahren Sie immer dieselbe Strecke mit dem Auto oder Fahrrad, wenn Sie Ihr Kind abholen. Nehmen Sie an einem Tag, an dem Sie genug Zeit dazu haben, mal einen anderen Weg.

Machen Sie jeden Tag einmal etwas anders als „normal".

Sich wieder wundern lernen

Es wurde bereits darauf hingewiesen, dass man nachweisen konnte, dass kreative Erzieher/innen besonders die Kreativität fördern, während weniger kreative Lehrer/innen eher die abstrakten schulischen Leistungen ihrer Schüler/innen fördern (siehe Seite 65). Dies gilt natürlich auch für die Erziehungshaltung der Eltern und bedeutet, dass Sie sich auch ein bisschen um Ihre eigene Kreativität sorgen sollten, denn dies wird Ihrem Kind zugute kommen! Die wesentlichste Fähigkeit ist dabei, sich überraschen lassen zu können von ungewöhnlichen Lösungen und zu versuchen, deren Bedeutung zu erkennen, anstatt sie vorschnell als unrealistischen Unsinn abzutun. Es geht darum, bereit zu sein, sich auf die Einfälle des Kindes einzulassen, diese ernst zu nehmen und mit dem Kind darüber zu sprechen.

Lassen Sie sich auf die Einfälle Ihres Kindes ein, nehmen Sie sie ernst und diskutieren Sie mit dem Kind seine Ideen.

Bedenken Sie, dass kreative Lösungen immer ungewöhnlich sind. Daher kann es sein, dass man zunächst stutzt und glaubt, der Gedanke sei keine Möglichkeit. Wir gehen immer davon aus, schon zu wissen,

97

was die Dinge um uns herum bedeuten. Dadurch haben wir nicht nur verlernt, uns zu wundern, sondern auch neugierig zu sein. Die Neugier ist jedoch eine wichtige Antriebskraft für die Entwicklung kreativer Ideen. Kleine Kinder sind in hohem Maße dazu in der Lage, sich für vieles zu interessieren, ungeachtet des Wertes, der allgemein dem Gegenstand, für den sie sich interessieren, zugeschrieben wird. So kann ein abgebrochener Seitenspiegel eines Autos interessanter sein als ein teures Spielzeug.

> Kreativitätsförderung bemüht sich darum, Kindern ihre Neugier zu erhalten und ihnen zu zeigen, wie sie diese gezielt nutzen können, um bestimmte Aufgaben zu lösen.

Interesse erkunden

Der kindlichen Neugier Raum zu geben, ist eine Quelle kreativer Energien.

Mit dem Staunen-Spiel wecken Sie das Interesse Ihres Kindes, sich aktiv mit der Umwelt auseinander zu setzen. Nebenbei werden Sie vielleicht auch bemerken, dass Ihr Kind sich immer wieder von bestimmten Dingen besonders begeistern und anziehen lässt. Haben Sie ein Auge auf diese Dinge, und ermöglichen Sie Ihrem Kind, so oft wie möglich dieses Interesse zu vertiefen. Wenn Sie z. B. bei Ihren Umwege-Fahrten festgestellt haben, dass Ihr Kind sich sehr für die Straßen interessiert, dass es überlegt, wo Sie jetzt herauskommen und wie Sie dann weiterfahren müssen, interessiert es sich vielleicht sehr für Stadtpläne. Sie könnten ihm zu Hause den Stadtplan Ihrer Stadt zeigen und darauf den Weg nachzeichnen, den Sie gefahren sind. Vielleicht hat Ihr Kind auch Lust, einen eigenen Plan zu machen für die Gebäude, die es schon kennt oder öfter besucht.

Helfen Sie Ihrem Kind dabei, sich weiter mit den Dingen zu beschäftigen, die es besonders interessant findet. Nicht selten wird von bedeutenden Erfindern oder Kulturschaffenden berichtet, dass sie schon als Kind eine bestimmte Neugier verfolgt haben. Auch wenn Ihr Kind kein berühmter Biologe, Physiker oder Regisseur werden wird, geben Sie ihm trotzdem die Chance, einen lebendigen Kontakt zur Umwelt aufzubauen. Wer es versteht, sich Fragen zu stellen und nach Antworten zu forschen, wird in der Lage sein, sein eigenes Leben aktiver und interessanter zu gestalten.

Neue Verbindungen aufbauen

Ein wesentliches Merkmal der Kreativität ist es, neue Verbindungen zu knüpfen, bekannte Gegenstände oder Dinge des Alltags in neuen Zusammenhängen einzusetzen. Beobachtet man Kinder beim Spiel, kann man bemerken, dass sie diese Fähigkeit oft meisterhaft beherrschen. Mutters Rührschüssel wird zur Raumstation, Backförmchen werden zu Spaceshuttles und Tannenzweige zu Marsbewohnern umgearbeitet. Die Kinder nutzen die Dinge, die ihnen begegnen, in einer neuen Weise, um damit ein Ziel zu erreichen: die Ausgestaltung ihrer gespielten Raumstation. Ein solches kindliches Potenzial ist jedoch nicht selbstverständlich. In einer Welt, die voller fertiger Lösungen und perfekter Spielsachen ist, kann es schnell in den Hintergrund rücken. Daher ist es wichtig, sich als Eltern oder Erzieher/in um die Kreativitätsförderung Gedanken zu machen. Als Erwachsener hat man die Möglichkeit, unterstützend, anerkennend und anregend auf kreative Aktivitäten des Kindes zu reagieren. Dies bedeutet, Kindern nicht immer fertige Antworten oder perfektes Spielzeug zu bieten, sondern sie vielmehr darin zu unterstützen, selber nachzudenken.

Es ist wichtig, Kindern nicht immer fertige Antworten oder Lösungen zu liefern, sondern sie selbst nachdenken zu lassen.

Konzentration und Rhythmen der Kinder achten

Wenn wir mit einer Aufgabe intensiv beschäftigt sind, nehmen wir anderes nur noch undeutlich wahr. Die Umweltreize, die uns interessieren, schränken sich also massiv ein. Und dies hat auch einen Sinn, weil wir uns so mit mehr Konzentration dem widmen können, was uns im Moment gerade beschäftigt. Kinder haben die Gabe, sich sehr intensiv mit Dingen beschäftigen zu können, wenn ihr Interesse erst einmal entflammt ist. Als Erwachsene sind wir gewohnt, unsere Tätigkeiten oft zu

Nach Möglichkeit sollte man Kinder nicht in ihren Beschäftigungen stören.

unterbrechen und unsere Konzentration zu kanalisieren. Für Kinder ist das viel schwieriger und oft auch frustrierender. Deshalb sollten wir uns als Erwachsene bemühen, Kinder nicht unnötig aus ihrer Konzentration zu reißen. Jeder Mensch hat einen eigenen Rhythmus, der manchmal nicht mit dem üblichen Tagesrhythmus übereinstimmt. Manche haben um 12 Uhr schon furchtbaren Hunger, andere erst um 15 Uhr. Manche stört es nicht, wenn sie länger nichts gegessen haben, andere brauchen ganz regelmäßig eine Kleinigkeit. Für die Entfaltung von Kreativität sind diese Kleinigkeiten bedeutsam. Zum einen kann man nicht kreativ sein, wenn man hungrig ist oder friert oder sich irgendwie unwohl fühlt. Zum anderen braucht kreatives Verhalten Zeit. Wenn Ihr Kind also sehr konzentriert an einem Bild arbeitet, kommen ihm vielleicht mit der Zeit immer mehr Ideen. Unterbrechen Sie es, wird es später vielleicht keine Lust mehr haben, das Bild weiterzumalen, und auch keine neuen Ideen mehr zu dem Thema entwickeln, weil es aus seinem Gedankenfeld gerückt ist. Natürlich wird sich eine Störung dieser Art nicht dramatisch auswirken. Leider werden Kinder aber sehr häufig unterbrochen, weil ihr Rhythmus sich nur schlecht mit dem der Erwachsenen vereinbaren lässt. Natürlich bedeutet dies nicht, dass Eltern nun immer ehrfurchtsvoll um das Zimmer ihres Kindes herumschleichen und besorgt überlegen müssen, ob sie zum Essen rufen dürfen oder nicht. Es soll nur darum gehen, dass ihnen bewusst wird, dass nicht nur die Kinder unsere Rhythmen stören, sondern wir auch die ihren. Wenn es sich vermeiden lässt, sollte man Kinder nicht in ihren Beschäftigungen stören. Aufräumen kann das Kind auch noch in ein oder zwei Stunden, genauso wie den Müll herausbringen oder den Kaninchenstall sauber machen.

Sich mit Angenehmem umgeben

Auch die Räume, in denen wir uns aufhalten, können einen Einfluss auf unser kreatives Potenzial nehmen. Genauso ergeht es auch unseren Kindern. Die Gegenstände, die sie umgeben, oder die Art, wie man sie anordnet, können kreative Energien fördern oder hemmen.

Kinder sind noch nicht auf bestimmte Gebiete der Beschäftigung festgelegt, so wie es bei vielen Erwachsenen der Fall ist. Deshalb ist es für Kinder gut, wenn sie Zugang zu vielfältigen Anregungen und Impulsen bekommen. Natürlich müssen diese Dinge nicht alle in der eigenen Wohnung versammelt sein, aber es ist schön, wenn Kindern viele unterschiedliche Dinge zur Verfügung stehen. Also nicht zwanzig verschiedene Computerspiele, sondern unterschiedliche Gegenstände und Materialien, die nicht auf eine Verwendungsweise beschränkt sind: eine Kiste voller kleiner Holzblöcke oder kleine (ungefährliche) Metallabfälle, wie sie z. B. beim Stanzen in vielen Firmen übrig bleiben; vielleicht ein ausgedientes Radio zum Zerlegen, Stoffreste, Wollreste, unmoderne Kleidungsstücke usw. Es ist nicht notwendig, dass große Mengen dieser Materialien vorhanden sind, es reicht schon aus, wenn Sie einiges gemeinsam mit Ihrem Kind sammeln. Dann werden Sie bald feststellen, wofür es sich besonders interessiert. Hat es keinerlei technisches Interesse, so brauchen Sie auch keine alten Radiogeräte in Ihrem Keller zu stapeln. Ihr Kind wird deutlich machen, was es gerne mag. Vielleicht sammelt es gern ungewöhnliche Papiere oder Stoffe oder aber getrocknete Früchte von Bäumen (Tannenzapfen u. Ä.). Haben Sie eine solche Vorliebe bemerkt, können Sie diese unterstützen, indem Sie Ihrem Kind, z. B. wenn Sie beruflich unterwegs waren, öfter mal ein Stück eines ungewöhnlichen Stoffs oder Papiers, vielleicht auch aus einem anderen Land, mitbringen. Sie können mit ihm im Urlaub einen botanischen Garten besuchen und sehen, ob da nicht auch noch andere, exotischere Fruchtkapseln von Pflanzen zu finden sind, mit denen es sich beschäftigen kann.

Das Kind sollte jederzeit Dinge um sich haben, die es interessieren und mit denen es vielerlei anstellen kann.

Unordnung kann kreativ sein

Schon diese Überschrift mag für manche Eltern, die sich nach ordentlichen Kindern sehnen, ein Gräuel sein. Und ein Buch, das das Aufräumen verbietet, wäre die helle Freude der Kinder. Doch hier soll es weder um penible Ordnung noch um verordnetes Chaos gehen. Das eine wie das andere kann Kreativität verhindern. Viel wichtiger ist es,

Ordentlich oder chaotisch – das hat auch viel mit der individuellen Persönlichkeit zu tun.

den eigenen Stil zu respektieren. Natürlich räumen Kinder nicht gern auf, das hat nichts mit ihrem Stil zu tun, es macht einfach keinen Spaß. Wenn Ihr Kind ein eigenes Zimmer hat, wäre es trotzdem gut, wenn Sie das Durcheinander, das dort herrscht, zumindest zum Teil tolerieren könnten. Eine Unordnung, in der man genau weiß, wo die einzelnen Dinge sich befinden, ist durchaus kreativitätsfördernd. Durch das Durcheinander im Zimmer kommen Dinge mit anderen in Kontakt, die man so nicht zusammen platziert hätte. Dies kann die Grundlage neuer Ideen und Verknüpfungen sein. Viele berühmte kreative Leute hatten eine Vorliebe für chaotische Schreibtische. Eine Unordnung hingegen, bei der die Dinge nur noch wahllos durcheinander purzeln und niemand, auch nicht Ihr Kind, weiß, wo sich was befindet, ist unproduktiv. Es geht also darum, einen Mittelweg zu finden. Gestehen Sie Ihrem Kind ein produktives Chaos zu, indem es manches, mit dem es noch weiterspielen möchte, stehen lassen darf, und versuchen Sie, es mal wieder an das Aufräumen zu erinnern, wenn es sich nur noch in einem wilden Durcheinander verliert. Schließlich sollten die notwendigen Wege, z. B. zum Bett, gefahrlos passierbar sein.

Den kindlichen Vorlieben auf der Spur

Achten Sie auf die Gefühle Ihres Kindes – wann ist es begeistert, wann gelangweilt oder widerspenstig?

In den bisherigen Anregungen ging es immer wieder darum, Ihrem Kind beim Erkunden seiner Vorlieben und Neigungen zu helfen. Gefühle sind für die Kreativität ganz wichtig. Unsere Gefühle zeigen an, wie stark wir uns für etwas interessieren können. Manchmal sind wir völlig begeistert und dann wieder schnell gelangweilt. Dieses Interesse ist sehr subjektiv. Vielleicht denken Sie, dass Ihr Kind begeistert sein müsste, wenn Sie einen neuen Farbkasten mitbringen, weil Sie sich so sehr von den Farben angesprochen fühlen. Doch Ihr Kind würdigt die Anschaffung vielleicht nur eines kurzen Blickes. Vielleicht probiert es die Farben auch pflichtbewusst einmal aus, um Ihnen eine Freude zu machen, aber sie sind eigentlich nicht „sein Ding". Dafür beschäftigt es sich stundenlang mit Stadtplänen von großen Städten und versucht bereits, selber welche am Computer zu konstruieren – was Sie wiederum ganz furchtbar langweilig finden.

Um die Interessen Ihres Kindes zu erkunden, können Sie dessen Gefühle beobachten. Beachten Sie, wie es sich bei den unterschiedlichsten Aktivitäten fühlt: Ist es gelangweilt beim Spaziergang, aber fasziniert, wenn es Aquarien sieht? Arbeitet es gern mit Farben und Papieren, oder singt und tanzt es lieber? Oder macht es fast alles mit der gleichen Begeisterung?

Zu Beginn Ihrer Beschäftigung mit der Kreativität Ihres Kindes sollten Sie also erst einmal Ihr Kind beobachten. Vermeiden Sie dabei zu werten, sondern registrieren Sie einfach nur, welche Dinge eine besondere Begeisterung, eine auffällige Konzentration oder Intensität auslösen können. Damit Sie sich daran erinnern, können Sie sich auch jeden Abend kurz aufschreiben, wofür sich Ihr Kind an diesem Tag am meisten begeistern konnte. Nach einiger Zeit werden Sie erkennen, in welchen Situationen Ihr Kind besonders positive Gefühle hatte. Wenn Sie erkannt haben, welche Dinge Ihrem Kind besondere Freude bereiten, können Sie sich bemühen, Ihrem Kind die dazugehörigen Erfahrungen öfter zu ermöglichen.

Fragen zulassen und fördern

Kleine Kinder stellen viele Fragen. Eine Zeit lang fragen sie so lange „warum", bis alle Erwachsenen genervt sind oder keine Antwort mehr wissen. Oft sind die Fragen, die Kinder stellen, ungewöhnlich und nicht leicht zu beantworten, weil auch die Erwachsenen keine Erklärung dafür haben. Als Erwachsener hat man aber schnell das Gefühl, dass man eigentlich alles wissen sollte. Daher sagt man schnell mal: „Ach, du mit deiner ewigen Fragerei, jetzt ist aber mal Schluss damit!", anstatt sein Unwissen zuzugeben. Oder man reagiert genervt, weil es sehr kompliziert ist, die Frage des Kindes verständlich zu beantworten, und man gerade etwas anderes zu tun hat.

Versuchen Sie jedoch, so viele Fragen Ihres Kindes zuzulassen wie möglich. Durch sein intensives Frageverhalten schult Ihr Kind seine

Zeigen Sie Ihrem Kind, dass Sie es gut finden, wenn es Fragen hat, und versuchen Sie, so oft wie möglich darauf einzugehen.

Sensibilität für offene Fragen und Probleme. Vielen Kindern wird das Fragen schnell abgewöhnt, weil die Erwachsenen deutlich machen, dass dies lästig ist. So denken viele Schulkinder später, sie seien dumm, wenn sie fragen müssten, und unterdrücken so ihre Fragen. Auf diese Weise verstehen sie vieles nicht richtig, können es nicht mit dem verknüpfen, was sie schon wissen, und so auch nicht wirklich aufnehmen. Unterstützen Sie deshalb das Frageverhalten Ihres Kindes. Wenn Sie keine Antwort wissen, können Sie es dazu anregen, selber eine Antwort herauszufinden. Vielleicht gibt es einen „Experten" für das Thema, den es befragen könnte. Wenn Ihr Kind z. B. wissen möchte, wie viele Junge ein Adler in seinem Leben großzieht, so können Sie mit ihm in den Zoo gehen und es dort die Pfleger fragen lassen. Oder Sie suchen gemeinsam in einem Lexikon nach einer Antwort. Auf diese Weise zeigen Sie Ihrem Kind auch, wie man sich Informationen beschaffen und wie es später dann selbstständig Antworten finden kann.

Haben Sie gerade keine Zeit, auf die Frage Ihres Kindes einzugehen, sagen Sie ihm, dass Sie im Moment nicht darüber nachdenken können, aber dass Sie es später tun werden. Dieses Versprechen sollten Sie auch wirklich einhalten. Sich Fragen stellen zu können, ist ein wesentlicher Bestandteil des kreativen Verhaltens. Kinder fallen teilweise ganz andere Aspekte auf als Erwachsenen. Butzen Sie auch diese Anstöße, um sich selber für Fragen zu sensibilisieren. Scheuen Sie sich nicht, auch zuzugeben, dass Sie die Probleme, die Ihr Kind entdeckt hat, bislang übersehen hatten und dafür keine Antwort parat haben. Ein solches Eingeständnis ist ein positiver Verstärker für Ihr Kind, und es fördert ein Klima der Problemsensibilität im Kontakt zu Ihrem Kind.

Gezielte Kreativitäts-förderung

Mit einfachen spielerischen Übungen kann das kreative Denken von Kindern angeregt werden. Einige dieser Spiele eignen sich gut, um Wartezeiten oder Zugfahrten zu überbrücken. So können diese Zeiten, die eher lästig erscheinen, eine Chance, bieten einmal etwas mit Kindern zu machen, wozu im Alltag oft nicht die Zeit bleibt.

Kleine Gedankenspiele für den Alltag

Im Alltag bieten sich viele Möglichkeiten, spontan kreativ zu werden. Nutzt man dazu die Sprache, braucht man noch nicht einmal Materialien und kann jede Situation nutzen. Kindern macht das viel Spaß!

Vielseitig denken

Mit kurzweiligen Spielen kann man das assoziative, beobachtende und beschreibende Denken schulen.

Die Fähigkeit, zu einem Thema schnell viele Assoziationen, Vorstellungen, Erfahrungen und Verknüpfungen finden zu können, zeichnet kreative Kinder besonders aus. Dies bedeutet, dass Kinder über ein reiches Repertoire an Begriffen und Bedeutungen verfügen sollten. Diese Fähigkeiten können im Alltag leicht geübt werden, z. B. mit dem altbewährten Spiel „Ich sehe was, was du nicht siehst". Hierbei geht es darum, sich einen Gegenstand im aktuellen Umfeld auszusuchen und dem Kind mitzuteilen: „Ich sehe etwas, was du nicht siehst, und das ist rot." Dann fragt das Kind, welchen Gegenstand man meint. Bei dieser Aufgabe muss es genau beobachten und alle jene Gegenstände suchen, die dem genannten Kriterium entsprechen. Hat das Kind den Gegenstand entdeckt, den Sie meinten, so darf es sich selber etwas aussuchen. Jetzt muss der Erwachsene erraten, welcher Gegenstand gemeint ist.

Einen ähnlichen Zweck können Zuordnungsspiele verfolgen, bei dem man das Kind alles sammeln lässt, was in eine bestimmte Kategorie fällt und was das Kind kennt. So kann man nach Farben sortieren (alles was rot, grün, gelb ist) oder aber das Beschreiben von Farbnuancen üben, z. B. welche Farbtöne lassen sich an einem braunen Baumstamm entdecken? Genauso lassen sich auch Dinge in Gedanken sammeln, die alle eine bestimmte Form haben oder eine bestimmte Lage im Raum (liegen, hängen, stehen usw.).

Wenn Ihr Kind schon ein paar Zahlen beherrscht, können Sie auch alles suchen, das zwei oder vier Beine hat. Oder Sie überlegen gemeinsam, was alles notwendig ist, um bestimmte Tätigkeiten auszuführen. (Was brauchen wir alles, wenn wir Marmelade einkochen wollen oder Möhren im Garten aussähen möchten?) Sie können auch gemeinsam überlegen, welche unterschiedlichen Dinge sich von ihrer Form her ähnlich sind (Zitronen haben eine Form wie Eier) oder welche eine ähnliche Bedeutung haben, wie z. B. laufen und rennen oder tragen und schleppen. Je mehr Unterscheidungsmöglichkeiten Ihr Kind kennt, je mehr Nuancen es wahrnehmen kann, umso stärker werden ihm schon kleine Veränderungen in seiner Umwelt auffallen.

Wenn Sie solche Assoziationsspiele mit Ihrem Kind machen, sollten Sie es auch anleiten, die gefundenen Begriffe inhaltlich zueinander in Beziehung zu setzen. Nur so kann Ihr Kind sie wirklich in sein Repertoire aufnehmen und später auch produktiv nutzen. Überlegen Sie also, wozu die Wörter dienen, was ihre Unterschiede ausmacht usw.

Sensibilisieren Sie Ihr Kind für die Vielfalt und die Differenzen der sprachlichen Ausdrucksmöglichkeiten.

Vielleicht haben Sie Lust, die Begriffe in kleine Spielszenen umzusetzen. Auf diese Weise verknüpfen sich die Begriffe mit Sinn. So fördern Sie nicht nur die Reichhaltigkeit der Begriffswelt Ihres Kindes, sondern auch das Wissen um spezifische und differenzierte Bedeutungen. Solche abstrakteren Übungen eignen sich allerdings erst für Schulkinder. Und seien Sie vorsichtig, dass diese Spiele nicht zu langweiligen schulmäßigen Stilübungen werden. Wichtig ist, dass Sie und Ihr Kind Freude an solchen Spielen haben.

Zu Grenzüberschreitungen ermutigen

Die Gedankenspiele dieser Kategorie dienen dazu, Kinder anzuregen, Bereiche des Denkens bewusst zu überschreiten. Solche Aufgaben sind fester Bestandteil zahlreicher Kreativitätstests. Hierbei wird z. B. nach den Verwendungsmöglichkeiten eines bestimmten Gegenstandes gefragt, z. B. einer Büroklammer. Die Kinder sollen sich nun möglichst viele Möglichkeiten ausdenken. Hierbei sollen auch ganz ungewöhnliche, originelle Verwendungsweisen benannt werden, also z. B. als Kleiderhaken, als Nasenklammer, als Blumendraht, als Dietrich, als Wäscheklammer usw. Es sind nicht nur die gebräuchlichen Funktionen zugelassen, sondern alle, die Ihrem Kind einfallen, in denen der betreffende Gegenstand nützlich sein könnte. Auf diese Weise ermutigen Sie Ihr Kind dazu, Grenzen zu überschreiten, Klischees zu hinterfragen und nach neuen Verwendungs- und Verhaltensmöglichkeiten zu suchen.

Gemeinsam eine Geschichte erzählen

Geschichten-Erfinden trainiert die Ausdrucksfähigkeit, das Gedächtnis und die Konzentration.

Das Spiel des gemeinsamen Geschichten-Erfindens können Sie besonders gut mit Ihrem Kind spielen, wenn Sie Zug fahren oder irgendwo warten müssen. Denn für dieses Spiel braucht man lediglich seine Fantasie.

Es eignet sich aber auch hervorragend für eine kleinere Kindergruppe, vor allem, wenn die Kinder schon etwas älter sind. Sehr kleine Kinder können sich noch nicht gut auf das konzentrieren, was die anderen erzählen, und sie haben auch Schwierigkeiten abzuwarten, bis sie selber wieder an der Reihe sind.

Die Regeln sind ganz einfach: Einer fängt an, eine Geschichte zu erzählen, und dann erzählt ein anderer so lange weiter, bis jemand die Geschichte beendet. In einer Gruppe sollte jeder immer nur einen Satz der Geschichte erfinden, und dann setzt der Nächste in der Runde die Geschichte mit einem Satz fort. Um zu zeigen, wer an der Reihe ist, kann ein kleiner Gegenstand, z. B. ein Stoffpüppchen oder ein Kieselstein, weitergereicht werden. Ein Kind, das nichts sagen möchte, kann den Stein direkt an seinen Nachbarn weitergeben.

Wichtig ist, dass Sie darauf achten, dass die einzelnen Sätze nicht zu lang werden, damit auch kleinere Kinder noch folgen können. Je ungewöhnlicher die Einfälle sind, die in den Sätzen ausgedrückt werden, umso mehr Spaß wird es den Kindern bereiten.

Mit diesem Spiel üben Sie nicht nur die sprachliche Ausdrucksfähigkeit Ihres Kindes, sondern auch dessen Fähigkeit, Details zu erfinden und Dinge mit diesen anzureichern. Gleichzeitig wird sein Durchhaltevermögen trainiert sowie seine Aufmerksamkeit und sein Gedächtnis für komplexe Zusammenhänge.

Auch die Fähigkeit, sich zu konzentrieren, wird angesprochen. Ihr Kind bemerkt, dass ihm immer mehr Einfälle für interessante Details kommen, je länger und intensiver es sich in die Geschichte hineindenkt.

Und diese Fähigkeit, eine Idee mit vielen kleinen Einzelheiten anzureichern und auszugestalten, ist eines der Merkmale der Kreativität. Diese Entwicklung einer Idee bis in die Feinheiten hinein macht die besondere Leistung kreativen Gestaltens aus.

Kinderwelten erdenken

Die Fähigkeit des Ausgestaltens kann auch mit anderen Gedankenspielen geübt werden. So kann man sich Szenarien überlegen, die die Kinder mit ihren Vorstellungen ausgestalten können. Sie können sich z.B. vorstellen, wie es wäre, wenn sie in einer Kinderwelt leben würden, in der die Kinder bestimmen und die Erwachsenen nichts zu sagen hätten. Wie sähe diese Welt aus? Oder wie wäre es, im Schlaraffenland zu leben? Wie sieht dort ein Tag aus, was macht man dort? Oder wie wäre es, wenn die Kinder eine neue Stadt bauen dürften, in der alles so wäre, wie sie es sich wünschen? Welche Geschäfte gäbe es dort und wer würde dort arbeiten? Oder wie sähe der Traumkindergarten aus oder der tollste Spielplatz? Was könnte man dort alles erleben, welche Spielgeräte gäbe es da? Sicherlich fallen Ihnen auch viele Beispiele ein, die sich konkret auf das beziehen, was Ihr Kind gerade beschäftigt. Sie werden sicher erstaunt sein, welch originelle Ideen Ihr Kind bei solchen Spielen entwickelt. Und ganz nebenbei werden Sie auch die Wünsche und besonderen Vorlieben Ihres Kindes kennen lernen.

Viele Gedankenspiele üben die Fähigkeit des vielseitigen Denkens.

Geschichtsschreiber und Archäologe spielen

Auch Beobachtungen können Anlass für das Geschichten-Erfinden geben. So kann ein Besuch bei den Saurierfährten dazu anregen, sich eine Geschichte dazu auszudenken, wie die Spuren in den Stein gekommen sind. Wie sah die Erde aus, was haben die Saurier vorgehabt, wo sind sie hingelaufen usw.? Sicher wird Ihnen Ihr Kind eine wunderbare Geschichte dazu erzählen können, was damals geschah und wie viele Saurier dort unterwegs gewesen sind, wo sie hin wollten und was sie alles so gedacht und erlebt haben!

Das Problembewusstsein schärfen

Auch eine differenzierte Wahrnehmung der Umwelt und ihrer vielfältigen Eigenschaften ist eine nützliche Vorbedingung für die Entwicklung kreativen Denkens. Erst einmal nimmt Ihr Kind wahr, was ihm in der Welt begegnet – hierbei können Sie ihm zahlreiche Anstöße dazu geben, genauer hinzuschauen. Kreativ geht das Kind dann mit den

Sensibilisieren Sie Ihr Kind für die Wahrnehmungen der Sinne.

Wahrnehmungen um, wenn es die Dinge neu verknüpft, die angepassten, konformen Bewertungen überschreitet und mutiger dabei ist, die eigenen Ideen umzusetzen.

Für dieses Verhalten ist die Problemsensibilität eine gute Voraussetzung. So können Sie beim Spaziergang im Park oder im Wald mit Ihrem Kind den unterschiedlichen Gerüchen, auf die man stößt, nachgehen. Riechen die Blumen im Park alle gleich? Wonach riechen sie? Welcher Geruch ist Ihrem Kind angenehm, welcher unangenehm? Einfacher noch als Gerüche wahrzunehmen ist es, auf Geräusche zu lauschen. Setzen Sie sich mit geschlossenen Augen mit Ihrem Kind hin und hören Sie, was Sie alles wahrnehmen können. Man kann dies auch gut in geschlossenen Räumen spielen. Es erstaunt dabei immer wieder zu erfahren, von wie vielen Geräuschen wir ständig umgeben sind.

Sie können auch eine „Situationsanalyse" mit Ihrem Kind machen, wenn Sie zu Hause sind. Was riechen, schmecken, sehen, fühlen, hören wir gerade alles? Wie fühlen wir uns? Sind wir gerade traurig oder fröhlich, aufgedreht oder müde, schlapp oder dynamisch? Versuchen Sie bei solchen Spielen, Ihrem Kind auch Zusammenhänge deutlich werden zu lassen. Wenn man traurig ist, dann ist man oft auch antriebslos und passiv, dann wünscht man sich, dass sich jemand um einen kümmert usw. Besprechen Sie solche Motivationen von Menschen, die ihrem Verhalten zugrunde liegen. Überlegen Sie, welche Handlungsmöglichkeiten ein Mensch in bestimmten Situationen hat. Was könnte der Traurige z. B. selber tun, damit es ihm besser geht? Anstöße für solche Gespräche mit Ihrem Kind finden sich auch in Bilderbüchern. Da sieht man oft Personen in bestimmten Situationen. Sie können sich solche Bilder mit Ihrem Kind anschauen und gemeinsam überlegen, warum die Person in der Geschichte so handelt, wie sie es tut, und was sie vielleicht hätte anders machen können.

Problemsensibilität lässt sich auch gut bei der Betrachtung von sehr detailfreudigen Bildern wecken, die es in manchen Kinderbüchern gibt. Dort sind zahlreiche Szenen und Begebenheiten auf einem großen Bild dargestellt. Schauen Sie mit Ihrem Kind solche Bilder an, lassen Sie sich erzählen, was es alles sieht. Regen Sie Ihr Kind an, zu den dargestellten Szenen ganze Geschichten zu erfinden, und machen Sie Ihr Kind auch auf Einzelheiten aufmerksam, die es vielleicht übersehen hat. Sie werden feststellen, wie viel Spaß es Ihrem Kind macht, sich solche Bilder anzuschauen. Und wahrscheinlich wird es Sie auch überraschen, welch kleine Details es erkennt. Vieles davon wird Ihnen selber vielleicht gar nicht aufgefallen sein.

Neue Handlungsmöglichkeiten eröffnen

Nicht nur Geschichten erfinden und Handlungsmöglichkeiten ausdenken, sondern Kindern auch neue Situationen für ungewohntes Tun eröffnen – das ist ein wesentliches Prinzip der Kreativitätsförderung. Hierzu gibt es viele Anregungen, die Kinder begeistert aufnehmen.

Materialerfahrungen ermöglichen

Der Umgang mit möglichst vielen unterschiedlichen Materialien ist schon wiederholt betont worden und soll an dieser Stelle nur kurz aufgegriffen werden. Um die Flexibilität Ihres Kindes zu fördern, bietet es sich an, es mit den unterschiedlichsten Dingen hantieren zu lassen. Vieles davon ist einfach zu besorgen, weil in unserer modernen Lebenswelt zahlreiche Abfallprodukte existieren, die sich für diese Zwecke hervorragend eignen. Sammeln Sie einige solcher Dinge, wie leere Dosen oder Becher, Schachteln, einen defekten Wecker, einen Kochlöffel und Wäscheklammern usw., und stellen Sie diese Dinge Ihrem Kind zur Verfügung. Durch den Umgang mit diesen Gegenständen macht sich Ihr Kind mit den unterschiedlichsten Materialien vertraut, kann seine Neugierde und seinen Erfindungsreichtum ausleben und erfahren, wie viele Verwendungsmöglichkeiten sich für Gegenstände finden lassen, die in der modernen Konsumgesellschaft achtlos weggeworfen werden. Gegenstände, wie z. B. ein alter Wecker, können zerlegt und ganz anders wieder zusammengefügt werden; sie können zu neuen Objekten mit neuen Bedeutungen umgestaltet werden. Ein solches Beispiel ist das Fantasietelefon des fünfjährigen Jannik.

Kinder erfinden oft höchst fantasievolle Einsatzmöglichkeiten für „sinnlosen" Schrott.

111

Jannik vermisst seinen Vater sehr, zu dem er seit mehreren Monaten keinen Kontakt mehr hat. Ein kaputtes Telefon, das er in einer Material-kammer einer Tageseinrichtung gefunden hat, regt ihn an, seinen Wün-schen Ausdruck zu verleihen. Er zerlegt das Telefon, um es neu zusam-menzusetzen und mit zahlreichen anderen Materialien zu erweitern. So wird aus seinem Telefon eine „Hochleistungskommunikationsma-schine", die zum Kontaktaufbau und Spiel mit dem Vater über Distanzen hinweg geeignet sein soll. Alle Wünsche des Jungen werden auf symbo-lische Weise in dem Objekt deutlich und kreativ verknüpft. Auf diese Weise vermag er sich auszudrücken, zu sagen, was ihm fehlt und was er sich von seinem Vater wünscht, etwas, was Jannik mit Worten nicht hätte ausdrücken können.

Die fantasievolle Umgestaltung eines Telefons wird so zu einem sehr präzisen Ausdruck der kindlichen Realität. Und gleichzeitig schafft Jannik sich eine Möglichkeit, den erlebten Mangel im Spiel auszu-gleichen.

In der Auseinander-setzung mit den Verwendungsmög-lichkeiten von Gegen-ständen lernen Kinder auch vieles über Konventionen und soziale Strukturen.

Das Hantieren mit den Gegenständen und die Veränderung ihres Gebrauchs vermittelt Kindern zunächst einmal Bestätigung. Es stärkt so ihr Selbstwertgefühl und ermutigt sie zur Eigeninitiative. Gleich-zeitig beginnen die Kinder zu verstehen, dass es kulturelle Überein-künfte sind, die uns dazu bewegen, die Dinge als das zu betrachten, was sie für uns sind. Kinder können dadurch angeregt werden, die Übereinkünfte der Erwachsenen, die sich auf unsere gesamte Alltags-gestaltung beziehen und die nur selten explizit angesprochen wer-den, als Vereinbarungen für das Zusammenleben zu erkennen. Kin-der wachsen in eine Kultur hinein und nehmen sie als gegeben und somit normal hin. Durch Erfahrungen wie die eben beschriebenen können Kinder die Welt der Erwachsenen kritisch betrachten lernen und sich damit auseinander setzen, warum bestimmte Verwendun-gen für bestimmte Gegenstände entwickelt wurden. Auf diese Weise entfaltet sich auch die soziale Dimension der Kreativität deutlich. In-dem Ihr Kind diese Strukturen versteht, weil es sie durch den Um-gang mit DIngen erfährt, kann es auch nach neuen Definitions-möglichkeiten forschen und gewohnte Denkstrukturen überspringen.

Die Materialkiste

Um Ihrem Kind vielfältige Erfahrungen zugänglich zu machen, können Sie sich ein kleines Materiallager oder eine Materialkiste anlegen. Haben Sie viel Platz, können Sie ein Regal aufstellen, in dem Sie in vielen Pappkartons sortiert die unterschiedlichen Materialien sammeln können. Verfügen Sie über wenig Platz, genügt auch ein Pappordner mit mehreren kleinen Schubladen. Auf diese Weise können Sie Ihrem Kind zahlreiche Materialanreize zur Verfügung stellen.

Sammeln lohnt sich – Kinder können fast alles gebrauchen.

Was alles in die Materialkiste kommen kann:

- Kleine Schachteln in allen Formen, z. B. von Pillen, Seife, Zahnpasta usw. Zusammengeklebt und bemalt lassen sich damit herrliche Burgen, Schlösser, Stadtlandschaften, aber auch Tiere oder andere Gegenstände basteln.
- Flaschenverschlüsse, Deckel von Marmeladengläsern, Kron- und andere Korken, Bierdeckel usw. Solche runden Gegenstände können wunderbare Reifen, Augen, Ritterschilder usw. ergeben.
- Große Pappdeckel von Waschmitteltonnen. Hieraus können Schilde, Torten oder Weltscheiben und Inseln werden.
- Bunte Papiere zum Bemalen.
- Eierkartons; sie eignen sich zum Basteln, aber auch hervorragend als Farbnäpfchen.
- Verpackungsreste eignen sich wunderbar zum Basteln und zur Herstellung von kleinen Stempeln; aus Styroporchips werden durch Bemalung Käfer oder Augen oder Baumkronen.
- Bauchige Plastikflaschen, Joghurtbecher und andere Plastikkleinteile können, mit Kleister und Papier beschichtet, zu Körpern von Fantasietieren werden.
- Alte Kataloge und Zeitschriften, auch Stoff- und Tapetenkataloge. Mit ihnen kann man wunderbar auf die Suche von Farbfeldern gehen, aber auch andere Dinge ausschneiden und weiterverwenden.
- Woll-, Stoff-, Teppich-, Leder- und Filzreste.
- Federn findet man bei Zoobesuchen und Spaziergängen.
- Haltbare, trockene Früchte, wie Kastanien, Eicheln, Tannenzapfen, ungiftige Schoten von Parkbäumen, aber auch harte Erbsen, Boh-

nen Linsen aus der Küche, sind vielseitig verwendbar.
- Interessante Rindenstücke verschiedener Bäume, Wurzelstücke, aber auch kleine Holzreste vom Tischler lassen sich immer einsetzen.
- Kieselsteine und Muscheln vom Urlaub am Meer sowie anderes Strandgut geben viele Anregungen.
- Bunte Papiere von Bonbons, aus Zeitschriften, Reste von Geschenkpapieren sollte man immer aufheben.
- Knöpfe bieten viele Gestaltungsmöglichkeiten.
- Getrocknete oder gepresste Blumen oder Blätter kann man gut anschauen und vergleichen oder aber etwas Neues daraus machen, z. B. Urtiere zusammenkleben.

Schatzsucher im Wald

In der Natur lässt sich immer wieder Neues entdecken.

Ein Waldspaziergang kann mit Hilfe kleiner Spiele zu einem aufregenden Erlebnis werden. So kann man ein Suchspiel beginnen, bei dem auch die Erwachsenen mitmachen. Jeder sucht bei diesem Spiel eine bestimmte, vorher festgelegte Anzahl von Gegenständen (so viele, wie das kleinste Kind schon unterscheiden kann, also 3, 4, 5 ...). Jede Sache, die man sucht, soll eine andere Eigenschaft haben, z. B. etwas Weiches, Hartes, Schönes, Stacheliges, Rotes. Wenn dann am Ende des Spaziergangs jeder seine Gegenstände beisammen hat, wird verglichen. Das macht besonders viel Spaß, wenn die Gruppe etwas größer ist. Ein Spiel also, das sich für einen Gruppenausflug oder einen Kindergeburtstag wunderbar eignet.

Naturforscher spielen

Auch noch andere Dinge lassen sich im Wald erleben. Machen Sie einmal Ihr Kind darauf aufmerksam, wie ein Blatt vom Baum fällt, oder auch wie Schneeflocken fallen. Lassen Sie zum Vergleich eine Murmel oder einen Ball auf den Boden fallen. Beobachten Sie die trudelnden Fallwege der Blätter und Schneeflocken gemeinsam. Vielleicht können Sie sogar beobachten, wie unterschiedlich die Blätter der einzelnen Bäume fallen oder deren Samenkapseln (z. B. bei Linden und Kastanien). Solche Fallwege kann Ihr Kind auch einmal nachzeichnen.

Eigene Spiele ausdenken

Kinder verändern gern die Regeln eines Gesellschaftsspiels, wenn sie merken, dass sie verlieren, oder wenn sie ein Spiel so oft gespielt haben, dass es langweilig wird. Greifen Sie solche Impulse Ihres Kindes auf. Schlagen Sie ihm einmal vor, ein eigenes Spiel zu gestalten. Bei einem eigenen Spiel kann Ihr Kind alles selber gestalten, den Spielverlauf, die Regeln, das Spielbrett, die Spielfiguren, die Spielkarten usw. Wenn die erste Version des Spiels fertig ist, können Sie es durchspielen und dann gemeinsam entscheiden, ob es schon Spaß macht, interessant genug ist oder ob sich noch das eine oder andere verbessern lässt.

Spieleerfinder – wäre das nicht ein toller Job?!

Eine solche Spielgestaltung stellt natürlich ein längeres Projekt dar, das schon einige Ausdauer erfordert. Ihr Kind sollte daher nicht zu klein sein, mindestens sechs Jahre alt. Vielleicht können auch zwei oder drei Kinder gemeinsam das Spiel erfinden. Eine weniger aufwendige Variante besteht darin, ein bestehendes Spiel zu verändern oder zu erweitern. Hierbei ist man natürlich durch das vorgegebene Spielfeld, die Karten usw. schon relativ festgelegt, so dass nur kleinere Veränderungen möglich sind.

Was man alles selber herstellen kann

Es gibt einige ausgezeichnete Kindersendungen, die Kindern erklären, wie man mit einfachen Mitteln z. B. Ölfarben herstellen kann. Greifen Sie solche Anregungen gelegentlich auf, besonders dann, wenn Ihr Kind sehr begeistert von einem der dargestellten Verfahren berichtet. Das Herstellen von einfachen Produkten regt über die Materialerfahrungen und das sich entwickelnde Verständnis die Kreativität Ihres Kindes an. Für viele dieser Anregungen braucht man keine besonderen Materialien einzukaufen, in der Regel gibt es die notwendigen Zutaten in fast jedem Haushalt.

Genauso können Sie hin und wieder ein neues, vielleicht auch aufwendigeres Kuchenrezept mit Ihrem Kind ausprobieren. Auch hierbei übt es sein Geschick. Besonders viel Freude wird es ihm bereiten, wenn es den Kuchen auch verzieren darf und er dann allen Familienmitgliedern schmeckt.

Einen Museumsbesuch gestalten

Kinder können im Museum viel entdecken und zu eigenen „Kunstwerken" inspiriert werden.

Eine weitere Möglichkeit, Ihrem Kind neue Erfahrungen zu vermitteln, stellt ein Museumsbesuch dar. Wenn Sie Ihr Kind nicht selbst durch die Ausstellung begleiten wollen, können Sie sich nach Führungen für Kinder erkundigen. Dies sollten Sie allerdings schon einige Tage vor dem Besuch tun, damit Sie auch zur passenden Zeit da sein können.

Wenn Sie mit einem Vorschulkind in eine Ausstellung gehen, können Sie es zunächst in seinem Tempo durch die Ausstellung wandern lassen. Geben Sie ihm den Auftrag, sein Lieblingsbild oder -objekt zu finden. Gehen Sie dann mit Ihrem Kind zu dem Bild und schauen es sich gemeinsam an. Was gibt es da zu sehen? Welche Farben kommen auf dem Bild vor? Sind Menschen dargestellt oder Tiere, oder ist es abstrakt? Kann Ihr Kind sagen, warum ihm dieses Bild am besten gefällt? Vielleicht haben Sie dann eine Idee zu dem Bild, die sie mit nach Hause nehmen können. Eine Gruppe Menschen könnte man z. B. im Kinderzimmer nachstellen; oder Sie können gemeinsam eine Geschichte zu dem Bild erfinden. Besonders praktisch ist es, wenn es dieses Bild auch als Postkarte gibt. Dann können Sie das Bild mit nach Hause nehmen und dort die Anregungen noch einmal aufgreifen.

Neue Gestaltungsmöglichkeiten eröffnen

Man kann ein Bild auch gemeinsam malen.

Die Kreativität braucht freie Entfaltungsmöglichkeiten und günstige Bedingungen, die die Erwachsenen schaffen können. Schließlich soll es Ihrem Kind nicht so ergehen, wie dem Jungen in dem Buch „Der kleine Prinz" von Antoine de Saint-Exupéry. Am Anfang des Buches steht die Geschichte eines kleinen Jungen, dessen fantasievolle „Zeichenkarriere" durch die verständnislosen Reaktionen der Erwachsenen ein jähes Ende findet. Greifen Sie deshalb die Ideen Ihres Kindes auf, und geben Sie selbst immer wieder neue Anregungen. Ein einfaches Spiel ist z. B. das folgende: Jeder zeichnet eine oder mehrere abstrakte Figuren auf das Papier, und anschließend wird gemeinsam überlegt, was das sein könnte. Oder erzählen Sie sich eine spontane

Geschichte, in der die gezeichneten Figuren eine Rolle spielen. In einer etwas veränderten Variante können Sie auch gemeinsam mit Ihrem Kind an einer Zeichnung arbeiten. Abwechselnd darf jeder eine Form oder einen Strich hinzufügen, so lange, bis beide finden, dass das Bild fertig ist. Dieses Spiel eignet sich besonders zur Auflockerung langer Zugfahrten, weil man dafür weder besonders viele Materialien noch sehr viel Platz benötigt.

Farbsammler spielen

Es gibt viele schöne Kinderbücher, die sich als gute Anregungen für die gestalterische Kreativität Ihres Kindes eignen. Hier ist z. B. das Mäusebuch „Frederick" zu nennen. Frederick sammelt Farben und erzählt im Winter seinen Freunden Geschichten. Wenn Sie sich dieses oder auch ein anderes Kinderbuch mit Ihrem Kind angeschaut haben, können Sie die Anregungen des Buches wunderbar aufgreifen. Lassen Sie Ihr Kind als kleinen Farbsammler in alten Zeitschriften und Katalogen herumstöbern. Immer wenn es auf ein möglichst „reines" Farbfeld in dem Heft stößt, soll es dieses ausschneiden, egal ob es sehr groß oder nur klein ist. Schön ist es, wenn die Farbe möglichst frei von Schrift ist. Auf diese Weise lassen sich wunderbare Farbnuancen sammeln, so viele, wie man selber gar nicht mischen kann. Die ausgeschnittenen Schnipsel können Sie sich gemeinsam mit Ihrem Kind anschauen. Sie können sie sortieren und werden dabei selbst erstaunt sein, wie viele Rot-, Blau-, Grün-, Gelbtöne sich finden lassen. Regen Sie Ihr Kind an, daraus ein Bild zu gestalten, indem es entweder nur die Zettelchen einer Farbfamilie (z. B. nur die Rottöne) benutzt oder einfach ein Bild aus kleinen Mosaikstückchen zusammenklebt. Auf diese Weise werden Farbwahrnehmung und Geschicklichkeit geschult.

Bücher geben immer wieder Anregungen für eigene Aktivitäten.

Ein eigenes Puzzle machen

Wenn Ihr Kind gerne puzzelt, können Sie ein besonders schönes Bild Ihres Kindes mit dem Farbkopierer vergrößern und anschließend auf Pappe aufkleben. Dann wird das Bild zu einem Puzzle zerschnitten. Ist Ihr Kind noch nicht so geschickt im Umgang mit der Schere, sollten Sie die Teile zurecht schneiden. Achten Sie dabei darauf, dass die Anzahl der Teile dem Alter Ihres Kindes angemessen ist. Bei einer Überforderung ist das Kind nur frustiert.

Ein Malatelier im Kinderzimmer

Neue Materialien regen die Fantasie an und eröffnen neue Ausdrucksmöglichkeiten.

Mit künstlerischen Mitteln lässt sich die Kreativität von Kindern besonders gut fördern. Bieten Sie Ihrem Kind immer wieder neue Impulse. Kleben Sie z. B. einmal ein Blatt auf den Fußboden, auf dem Ihr Kind mit beiden Händen und mit Fingerfarben gestalten kann. Dies eignet sich schon für kleine Kinder ab zwei bis drei Jahren. Allerdings müssen Sie Vorsichtsmaßnahmen ergreifen, damit sich die Farbe nicht gleichmäßig in Ihrer Wohnung verteilt. Am besten ist es, wenn man eine Plastikfolie darunter klebt und auf einem Boden arbeitet, den man wischen kann. Diese Technik eignet sich auch sehr gut zum rhythmischen Malen nach Musik.

Fortsetzungsbilder gestalten

Mit bestimmten Anreizen kann man Kinder zur Produktion ungewöhnlicher Ideen anregen. So können Sie aus Zeitschriften Teile von Abbildungen ausschneiden, die interessant aussehen (dies kann ein Gegenstand, ein Farbfleck, eine Struktur sein). Kleben Sie einen solchen Ausschnitt auf ein großes, vielleicht farbiges Malpapier. Solche Blätter können Sie Ihrem Kind zur Verfügung stellen und ihm die Aufgabe geben, mit diesem Ausschnitt ein Bild zu gestalten. Ihr Kind wird auf diese Weise herausgefordert, etwas Vorgegebenes in eigene Gestaltungen zu integrieren, um ihm so einen Sinn zu geben. Dies ist auch eine schöne Übung für eine Gruppe von Kindern. Anschließend können Sie zu dem Bild eine Geschichte erzählen lassen.

Plastische Materialien erproben

Plastisches Gestalten macht den meisten Kindern viel Spaß. Auch hier gibt es verschiedene Möglichkeiten. So können Sie Ihrem Kind etwas Ton oder eine andere Knetmasse besorgen oder mit ihm gemeinsam aus Zeitungspapierschnitzeln und Kleister Pappmaschee herstellen.

Zum dreidimensionalen Gestalten gehört es auch, Szenarien zu gestalten. So kann ein kleiner Wald oder eine Strandlandschaft im Schuhkarton entstehen. Die gesammelten Naturmaterialien vom letzten Spaziergang (Moos, Zweige, Beeren, Blätter, Tannenzapfen usw.) können so zu einer kleinen Welt arrangiert werden.

Besonderen Spaß macht es Kindern, mit verschiedenen Materialien zu hantieren und dreidimensionale Werke zu erstellen.

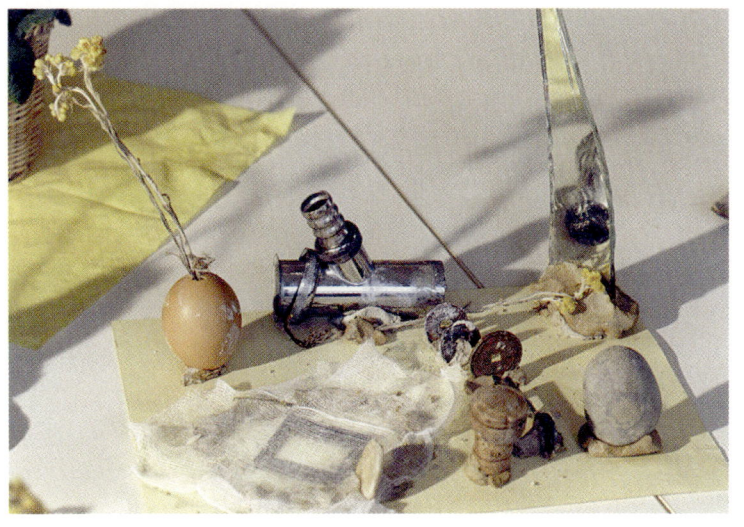

*Ewald;
Gottesvorstellung*

Auch Materialcollagen, die zu einem bestimmten Thema entstehen können, werden Ihrem Kind sicher viel Spaß bereiten. Ein Beispiel für eine solche Gestaltung ist der kindliche Versuch, die eigene Gottesvorstellung in einer Gestaltung auszudrücken. Ein Objekt zu diesem Thema wurde bereits auf Seite 31 beschrieben. Das komplexe Objekt des neunjährigen Ewald (siehe oben) ist ein höchst eindrucksvolles Beispiel für eine Materialcollage eines Kindes. Die unterschiedlichen Objekte helfen dem Jungen dabei, seine differenzierten Vorstellungen und Gedanken mitzuteilen. Unter einem weißen Gasenetz befindet sich etwas Schwarzes, das für Ewald das Böse symbolisiert, das Gott mit Hilfe einer Seife reinigt. Die Kraft Gottes wird durch den Stein dargestellt, und das Ei mit der Blume steht für die Hoffnung. Zwar hat die Blume einen trockenen Stiel, aber Gott macht, dass auch sie wieder wachsen und blühen kann, indem er seine Wärme schickt und das Ei, in dem die Blume wachsen kann, bebrütet. Der Spiegel auf der gegenüberliegenden Seite trägt dazu bei, das Schöne zu verdoppeln. Das Schüsselloch und der Schlüssel stehen dafür, dass Gott in der Vorstellung des Jungen den Menschen hilft, immer wieder neue Türen aufzuschließen, bis sie zu einer Röhre gelangen, die sie ins Paradies führt. Für Ewald sind es Gottes Kraft und Liebe, die uns lenken und uns den Weg frei räumen, eine Kraft, die man in seinem Inneren zu spüren vermag.

Ein Gärtchen bestellen

Auch beim Gärtnern kann sich Kreativität entfalten.

Wenn Sie eine Möglichkeit dazu haben, sollten Sie Ihrem Kind ein kleines Gärtchen zur Verfügung stellen, das es selbst nach seinen Vorstellungen bepflanzen kann. Wenn Sie einen Balkon haben, so kann es einen größeren Pflanztopf bekommen, den es selber gestalten darf.

Ein Musikinstrument bauen

Aus alten Waschmittelflaschen, Bindfäden, Metallmuttern, Schrauben, Klebeband, Holzresten und Farbe lassen sich wunderbare Fantasieinstrumente erstellen. Kleine Döschen, mit Reis gefüllt, werden zu Rasseln, die mit Pergamentpapier bespannte Waschmitteltonne zur Trommel usw. Sicher werden Sie und Ihr Kind viele Ideen bekommen, wenn Sie Ihr Materiallager mit dem Ziel durchforsten, ein Musikinstrument zu bauen. Auch dies macht mit einer kleinen Kindergruppe besonderen Spaß. Anschließend kann man ausprobieren, wie die unterschiedlichen Instrumente klingen und sich Namen für diese überlegen.

Begleitwort
für Erzieher/innen

*Wer mit einer Kindergruppe arbeitet, wird sich
immer wieder fragen, wie man eine Gruppe in ihrer
Kreativität fördern kann, wo doch die Bedingungen
und Voraussetzungen der einzelnen Kinder sehr
unterschiedlich sein können.*

Die Individualität der Kinder

Bei einer Gruppe wird die soziale Dimension der Kreativität noch bedeutsamer als in der Interaktion mit nur ein oder zwei Kindern. Es ist wichtig, dass jedes Kind mit seinen Möglichkeiten gesehen und eingebunden wird. Wenn man die Kinder gut kennt und weiß, welche Kinder besondere Unterstützung benötigen, kann man viele der in diesem Buch beschriebenen Spiele auch mit einer Kindergruppe durchführen.

Die Stärken und Schwächen jedes Kindes müssen erkannt und berücksichtigt werden.

Ein ängstliches oder unsicheres Kind braucht mehr Zeit, bis es sich in die Gruppe einbringen und eigene Meinungen äußern kann. Hier ist es zunächst notwendig, sein Selbstbewusstsein zu stärken, indem man ihm kleine, eigenständige Aufgaben überträgt, die ihm Erfolgserlebnisse vermitteln können (z. B. die Betreuung von Tieren oder Pflanzen). Ein aggressives oder unruhiges Kind muss erst lernen, sich in die Gruppe einzufinden. Ein dominantes Kind muss manchmal gebremst werden, damit es auch die anderen Kinder mit ihren Ideen zu Wort kommen lässt, weil sonst die Gefahr besteht, dass sie die Idee des Lautstärksten annehmen und selber nicht mehr nachdenken.

Selbstbewusstsein und Selbstsicherheit fördern

Einzelleistungen sollten nicht verglichen und untereinander bewertet werden.

Jedes Kind braucht, um sich kreativ entfalten zu können, eine positive Einstellung zu seinen Fähigkeiten, Gedanken, Bedürfnissen und Eigenschaften. Die Entwicklung von Selbstsicherheit, -bewusstsein und -vertrauen kann mit Hilfe zahlreicher pädagogischer Verhaltensweisen unterstützt werden. So kann man sich bemühen, den Kindern mehr Eigenverantwortung für kleine überschaubare Bereiche zu übertragen. Auf diese Weise können sie sich ausprobieren und mehr Selbstsicherheit erlangen. Versuchen Sie ein Wettbewerbsdenken unter den Kindern abzubauen, indem Sie es vermeiden, Einzelleistungen besonders zu belohnen oder hervorzuheben. Kinder können sich besser entfalten, wenn es keine hierarchischen Ordnungen gibt. In der Schule werden sie früh genug mit solchen Bewertungssystemen konfrontiert, so dass es gut ist, im Vorschulalter darauf zu verzichten. So kann sich zunächst das Selbstbewusstsein des Kindes entfalten.

Etablieren Sie mit den Kindern ein offenes Diskussionsklima. Dies bedeutet auch, dass unpassende oder störende Vorschläge nicht einfach abgeschlagen, sondern besprochen werden und die Ablehnung begründet wird. Versuchen Sie dabei auch, unterlegene Kinder zu stärken, indem Sie helfen, ihre Position zu verdeutlichen, um so die negative Kritik anderer Kinder abzufangen.

Insgesamt sollten Sie bemüht sein, die Kinder so viel wie möglich zu Wort kommen zu lassen. Versuchsweise können Sie mal ein Tonband mitlaufen lassen und später anhören. Dabei werden Sie erkennen, wer in der Gruppe besonders viel redet und wer kaum zu Wort kommt. Manchmal ist man erstaunt, wenn man hört, wie viel man selber redet, obwohl man das Gefühl hatte, gar nicht viel zu sagen.

Kinder sollten zur Äußerung ihrer Vorstellungen, Ideen und Bedürfnisse ermutigt werden. Versuchen Sie dabei, die Kinder besser zu verstehen, auch wenn Ihnen ihr Verhalten zunächst unangemessen erscheint. Überlegen Sie, welche Beweggründe dieses Verhalten gehabt haben könnte.

Unterstützen Sie die Kinder dabei, eigene Ideen und Wahrnehmungen auszudrücken.

Wenn Sie sich bemühen, differenziert auf die Arbeiten und Leistungen der einzelnen Kinder einzugehen, indem Sie immer wieder die positiven Aspekte herausstellen, können Sie dieses Verhalten auch bei den Kindern fördern.

Wenn Sie gemeinsam Bilder der Gruppe betrachten, können Sie vereinbaren, dass zu jedem Bild nur positive Äußerungen von den anderen Kindern kommen sollen. Auf diese Weise lernen die Kleinen, auch ungewohnte Darstellungen aufmerksamer wahrzunehmen. Sie akzeptieren eher Schwächen anderer, weil sie lernen, sich auf positive Aspekte zu konzentrieren, und sie reduzieren ihr Bedürfnis, nur konforme Meinungen zuzulassen. Sie lernen auf diese Weise allmählich, ungewöhnliche Lösungen und Ideen einzelner Kinder als Bereicherung zu erfahren. Dies ist ein sehr wichtiger Schritt auf dem Weg zum eigenen kreativen Verhalten.

Ermutigen Sie Kinder zum Fragen-Stellen. Zeigen Sie den Kindern, dass Fragen zugelassen und erwünscht sind. Oftmals trauen sich Kinder aus Angst vor sozialer Zurückweisung nicht, ihre Fragen zu stellen. Machen Sie deutlich, dass bei Ihnen das Fragen erlaubt ist. Wenn Kinder merken, dass ihre Fragen eher als Bereicherung erlebt werden, fühlen sie sich nicht eingeschränkt und wagen auch, ungewöhnliche Fragen zu stellen. Und nicht selten bieten solche zunächst kurios klingenden Fragen einen Ansatzpunkt für eine intensive Auseinandersetzung mit einem Thema.

> Bemühen Sie sich um eine gute emotionale Beziehung zu den Kindern. Wenn sich die Kleinen bei Ihnen sicher und angenommen fühlen, werden sie auch den Mut besitzen, ihre Kreativität auszudrücken. Bedenken Sie, dass ein Kind, dessen physische oder psychische Bedürfnisse nicht befriedigt sind, auch nicht kreativ sein kann. Ein Kind, das Hunger oder Angst hat, wird sich nicht kreativ in die Gruppe einbringen können.

Kreativität ist nur indirekt förderbar. Hier spielen die anregenden Bedingungen sowie die Strukturen der sozialen Gruppen, in denen sich Menschen bewegen, eine besondere Rolle. Wenn Sie sich dafür einsetzen, ein offenes Klima zu schaffen, das dem einzelnen Kind die Möglichkeit gibt, sich mit seinen Fähigkeiten zu entwickeln, ohne dass von ihm ein Übermaß an Konformität verlangt wird, haben Sie gute Voraussetzungen für die Entfaltung des kindlichen kreativen Potenzials geschaffen. Allerdings ist dies keine Garantie dafür, dass auch jedes Kind kreatives Verhalten zeigt. So wird z. B. ein Kind, das zu Hause ständig erlebt, dass originelles und fantasievolles Denken bestraft oder als Unsinn abgetan wird, einen Konflikt erleben. Wird es in der Kindergartengruppe dazu angeregt, sich gegen die Vorstellungen der Familie zu verhalten, wird es überfordert sein. Deshalb ist es in der Arbeit mit Kindergruppen immer wichtig, sich einen Eindruck über die sozialen Bedingungen der einzelnen Kinder zu verschaffen, mit den Eltern zu sprechen und diese Informationen in das eigene Verhalten einzubeziehen.

Literaturverzeichnis

Gardner, H.: Kreative Intelligenz: was wir mit Mozart, Freud, Woolf und Gandhi gemeinsam haben. Campus, 2. Aufl. 1999

Goleman, D. / Kaufman, P. / Ray, M.: Kreativität entdecken. Hanser, 1997

Guilford, J. P.: Creativity. In: Ulmann, G.: Kreativitätsforschung. Kiepenheuer & Witsch, S. 25 – 43, 1973

Hentig, H. v.: Kreativität. Hanser, 1998

Kossolapow, L.: Kreativität. In: Hundertmark, G. / Ulshoefer, H. (Hrsg.): Kleinkinderziehung. Band 2. München, 1972

Kossolapow, L.: Erziehung zur Kreativität im Vorschulalter. In: Zeitschrift für Kleinkindpädagogik und außerschulische Erziehung. Kösel, 51, (5), S. 194 – 217, 1973

Mönks, F. J.: Begabte Schüler erkennen und fördern. In: Perleth, Ch. / Ziegler, A. (Hrsg.): Pädagogische Psychologie, Grundlagen und Anwendungsfelder, S. 63 – 72, Huber. 1999

Preiser, S.: Kreativitätsforschung. Wissenschaftliche Buchgesellschaft, 1976

125

Die Bücher mit dem Gütesiegel:

Jeanette Stark-Städele
So fördere ich mein Kind
Unser Baby im ersten Jahr
Mit Spielen fit fürs Leben
128 Seiten – vierfarbig mit 30 Abbildungen
ISBN 3-332-01252-5

Heike Baum
Papa, spiel mit mir!
1000 tolle Ideen und Tipps
144 Seiten – 22 s/w-Abbildungen
ISBN 3-332-01135-9

Ute Diehl, Karl Diehl
Die beste Betreuung für mein Kind
Tagesmutter, Oma, Krippe, Hort & Co.
128 Seiten – zweifarbig mit 19 Abbildungen
ISBN 3-332-01134-0

In Zusammenarbeit mit dem Deutschen Kinderschutzbund (DKSB)

Wolfgang Stein

Finanzplaner für Eltern

96 Seiten – 18 s/w-Abbildungen

ISBN 3-332-01192-8

Prof. Dr. Barbara Lorinser

Liebe Kinder – böse Nachbarn?

Streit vermeiden – Rechtslage klären

112 Seiten – 23 s/w-Abbildungen

ISBN 3-332-01194-4

Dr. Christine Karniak-Urban

Katharina Schlamp

So fördere ich mein Kind

Mit Spaß und Erfolg durch die Grundschule

160 Seiten – 25 s/w-Abbildungen

ISBN 3-332-01193-6

Ravensburger Ratgeber im Urania Verlag

Sabine Pauli, Andrea Kisch
Geschickte Hände, wacher Verstand
Feinmotorik spielerisch entwickeln
128 Seiten – 27 sw-Abbildungen
ISBN 3-332-01196-0

Renate Csellich-Ruso
So fördere ich mein Kind
Die schönsten Bewegungsspiele
für Kinder von 0–5
128 Seiten – 20 s/w-Abbildungen
ISBN 3-332-01250-9

Prof. Dr. C. Perleth
Dr. T. Schatz
M. Gast-Gampe
So fördere ich mein Kind
Die persönliche Begabung
entdecken und stärken
144 Seiten – 22 s/w-Abbildungen
ISBN 3-332-01030-1